Gabriele Niepel
Der Briard

Herausgegeben unter dem Patronat des
Verbandes für das Deutsche Hundewesen e.V.,
44141 Dortmund

Gabriele Niepel

Der Briard

Praktische Ratschläge für Haltung, Pflege und Erziehung

Mit 57 Abbildungen, davon 52 farbig

Parey Buchverlag Berlin 1997

Parey-Buchverlag im
Blackwell Wissenschafts-Verlag
Kurfürstendamm 57, D-10707 Berlin

Das Kapitel „Ernährung" wurde von Dipl. vet. med. Lutz Salomon verfaßt, das Kapitel „Gesundheit" von Dr. med. vet. Peter Brehm (Überarbeitung durch die Autorin).

Die Wiedergabe von Gebrauchsnamen, Handelsnamen, Warenbezeichnungen usw. in diesem Buch berechtigt auch ohne besondere Kennzeichnung nicht zu der Annahme, daß solche Namen im Sinne der Warenzeichen- u. Markenschutzgesetzgebung als frei zu betrachten wären und daher von jedermann benutzt werden dürften.

Die Deutsche Bibliothek – CIP-Einheitsaufnahme

Der Briard : praktische Ratschläge für Haltung, Pflege und Erziehung / Gabriele Niepel. [Das Kap. „Ernährung" wurde von Lutz Salomon verf., das Kapitel „Gesundheit" von Peter Brehm (Überarb. durch die Autorin)]. – 1. Aufl. – Berlin : Parey, 1997
  (Dein Hund)
  ISBN 3-8263-8417-2
NE: Niepel, Gabriele

1. Auflage: © 1997 Blackwell Wissenschafts-Verlag, Berlin · Wien

Einbandgestaltung: Rudolf Hübler, Berlin, unter Verwendung einer Abbildung aus dem Archiv der Autorin. Die Zeichnungen fertigte Gisela Jahrmärker, Berlin.
Satz und Repro: Type-Design, Berlin
Druck und Bindung: Grafos S. A. Arte sobre papel, Barcelona

Gedruckt auf chlorfrei gebleichtem Papier

Printed in Spain · ISBN 3-8263-8417-2

Vorwort

Die französische Schäferhundrasse Briard fasziniert seit einigen Jahren immer mehr Menschen. Die imposante Erscheinung, bei der sich Kraft und Eleganz harmonisch vereinigen, zieht bewundernde Blicke auf sich. Doch das Äußere des Briards täuscht: Er ist weder der knuddelige Familienbär noch der Salonlöwe. Sein Gebrauchshunderbe als temperamentvoller Schäferhund, dessen Aufgabe das Hüten und Verteidigen der Herde war, ist auch heute noch weitgehend erhalten geblieben. Die Paarung von Selbstbewußtsein, Stolz, eigenem Willen mit einer großen Sensibilität und Bindungsbereitschaft ist es, die Liebhaber der Rasse so schätzen. Doch gerade diese ausgeprägte Persönlichkeit kann den Besitzern auch erhebliche Probleme bereiten.

Weil viele Briardinteressenten sich vom Äußeren täuschen lassen und nicht wenige Briardbesitzer Probleme in der Erziehung ihres Hundes bekommen, ist es ein Anliegen dieses Buches, der Beschreibung des Briardcharakters viel Raum zu widmen und die Anforderungen, die sich daraus an Haltung und Erziehung dieser Rasse ergeben, ausführlicher darzustellen, als es sonst in Rasseporträts im allgemeinen üblich ist.

Da zudem immer mehr Briards außerhalb der Kontrolle ordentlicher Zuchtverbände geboren werden, ist es eine weitere Zielsetzung des Buches, Welpenkäufern konkrete Tips für die Auswahl von Züchter und Welpen an die Hand zu geben. Es liegt in der Macht der Welpenkäufer, mit ihrer Kaufentscheidung seriöse Züchter zu unterstützen und den Scharlatanen das Handwerk zu legen.

Bielefeld, im Sommer 1996
Dr. Gabriele Niepel

5

Inhalt

Herkunft

Der Briard ist eine alte französische Schäferhundrasse, die schriftlich erstmals 1809 vom Abbé Rozier in dessen „Cours d'agriculture", einem umfangreichen landwirtschaftlichen Lexikon, erwähnt worden ist. Diese Rasse wurde beschrieben als langhaariger, vornehmlich schwarzer Schäferhund, der optimal als Hüte- und Schutzhund an den Schaf-, aber auch Viehherden in den großen Ebenen des französischen Flachlandes südlich und östlich von Paris arbeitete. Die dortigen Hirten benötigten primär einen nicht zu mächtigen, wendigen, ausdauernden, pflegeleichten Hund, der die Herden führte, zusammenhielt und zugleich bewachte.

Rozier beschrieb zwei Schäferhundtypen, die sich allein durch ihre Fellänge unterschieden: der kurzhaarige Beauceron und der langhaarige Briard. Zur Abgrenzung beider Hunde nahm man den jeweiligen Landstrich, indem sie bevorzugt verbreitet waren, als Namensgeber, was jedoch nichts über ihre Herkunft aussagen sollte: Die Brie, ein historisches Gebiet zwischen Seine im Süden, Marne im Norden und Paris im Westen, gab dem Briard den Namen (Chien de Brie), der

Beauceron (Chien de Beauce) wurde nach der Beauce genannt, einer zwischen Paris im Norden und dem Loirebogen bei Orléans im Süden gelegenen Landschaft.

Die Geschichte des Briards reicht vermutlich bis weit vor das 19. Jahrhundert zurück. In einigen Handschriften wurden bereits im 13. Jahrhundert Hunde erwähnt, die in vielen Merkmalen den heutigen Briards ähnelten.

So geht die Mär, der Name des Briards leite sich nicht aus der Landschaft Brie ab, sondern vom Hund Major eines Landedlen namens Aubry de Montdidier, dem zu Ehren sich in der Kathedrale von Montdidier im 14. Jahrhundert ein Steinrelief befunden habe. Der Hund dieses Landedlen („Chien d'Aubry") war Zeuge am Mord seines Herrn geworden, hatte dessen Leiche lange bewacht und schließlich den Freund des Landedlen zur Leiche seines Herrn geführt. Fortan begleitete Major diesen Freund und traf Jahre später auf den Mörder seines Herrn, den er sofort angriff. Der Freund vermutete einen Zusammenhang mit dem Mord an Aubry und brachte die Angelegenheit vor das königliche Gericht, das ent-

Briard Ende des 19. Jahrhunderts

schied, Hund und Beschuldigten gegeneinander kämpfen zu lassen. Sollte der Mensch verlieren, sei dies ein Zeichen Gottes, welches die Schuld des Angeklagten beweise. Mit Majors Zähnen an seiner Kehle gesteht der Beschuldigte den Mord – der Hund hatte also für die späte Rache am Mord seines Herrn gesorgt. Ob diese Geschichte nun stimmt oder nicht – zumindest zwei Charakterzüge dieses „Chien d'Aubry" treffen auf den Briard zu: Treue und Mut.

Wie bei vielen Schäferhundrassen ist die Geschichte des Briards verworren. Sein Ursprung ist nicht eindeutig zu klären. Einige Autoren halten ihn für eine Kreuzung zwischen Beauceron und dem Barbet, einer pudelähnlichen französischen Jagdhundrasse. Andere verweisen darauf, daß der Beauceron geschichtlich keinesfalls früher, sondern später als der Briard erwähnt wird und deshalb die Annahme naheliegt, daß Beauceron und Briard als gemeinsame Vorfahren einen

Schäferhund vom Typ des Beauceron haben, den man im Fall des Briards mit dem Barbet kreuzte. Unbestritten ist lediglich die große morphologische Ähnlichkeit zwischen Briard und Beauceron, die sicherlich der Grund dafür ist, daß erst 1896 auf dem ersten französischen Hütehundkongreß Briard und Beauceron als zwei getrennte Rassen anerkannt wurden.

Bereits 1863 hatte die fauve Briardhündin Charmante auf der ersten Hundeausstellung Frankreichs den ersten Preis der Show errungen und mit ihrer souveränen Leistung im Arbeitswettbewerb die Qualitäten des Briards als Gebrauchshund unter Beweis gestellt.

Der erste, 1885 ins französische Zuchtbuch als Nr. 155 eingetragene Briard hieß jedoch Sans-Gêne, ein schwarzer Rüde, der 1888 für seine Hüteleistungen mit der Goldmedaille des Landwirtschaftsministeriums ausgezeichnet wurde und im gleichen Jahr auch auf der großen Hundeausstellung siegte.

Erst 1897 wurde ein Rassestandard erarbeitet, der, mehrmals überarbeitet, heute noch weitgehend in seiner Fassung von 1925 gilt.

Bis zum Anfang dieses Jahrhunderts wurde der Briard ausschließlich auf seine Gebrauchsfähigkeit hin gezüchtet. Als Schäferhund waren körperliche Robustheit, Ausdauer und Schnelligkeit gefragt. Er mußte in der Lage sein, selbständig zu arbeiten, was u. a. Selbstbewußtsein, Leistungsbereitschaft, Temperament, Intelligenz und schnelles Reaktionsvermögen verlangte. Da von ihm neben dem Hüten auch das Bewachen der Herde erwartet wurde, mußte er auch einen entsprechenden Schutzinstinkt mitbringen.

An der Herde arbeiten heute nur noch wenige Briards

Ästhetische Gesichtspunkte spielten damals noch keine Rolle. So zeigen Abbildungen den Briard des 19. Jahrhunderts als eher zotteligen, struppigen Hund.

Mit den Veränderungen in der Schafhaltung wurde der Briard als Schäferhund immer weniger benötigt, doch wurden Polizei, Militär und Zoll auf ihn aufmerksam, so daß der Briard gewissermaßen das Fach wechselte und sich als hervorragender Diensthund hervortat.

Der Erste Weltkrieg hätte fast zum Ende der Rasse geführt, da sehr viele Briards „eingezogen" wurden und als Melde-, Sanitätshunde und Minensucher einen Dienst antreten mußten, den die meisten nicht überlebten. Auch heute beweisen Briards z. B. in Rettungshundestaffeln und als Lawinensuchhunde, daß in ihnen noch immer das Potential ihrer Ahnen steckt.

Dennoch ist unverkennbar, daß sich mit dem Verlust seiner eigentlichen Arbeitsaufgabe als Schäferhund auch die Zucht des Briards änderte. Den Schäfern waren ästhetische Merkmale egal gewesen, es kam ihnen allein auf die körperliche und wesensmäßige Funktionsfähigkeit ihrer Hunde an. Doch nun züchteten immer mehr Rasseliebhaber den Briard, denen die Ästhetik wichtiger war. Im Vergleich zu früher ist der heutige Briard größer, stärker, aber zugleich auch eleganter und besser proportioniert. Am augenfälligsten sind die Veränderungen von Fellstruktur und vor allem Fellänge: Viele der heutigen sehr langhaarigen Briards wären nach einem Tag Hütearbeit in Sommerwiesen hoffnungslos verfilzt.

Früher wurden den Briards auch in Deutschland die Ohren kupiert

Heutige unkupierte Briards

Zwar gab und gibt es Briardbesitzer, die mit ihrem Hund arbeiten – sei es Fährten- oder Rettungshundearbeit, Schutzdienst, Breitensport oder Agility, doch die Mehrzahl der heutigen Besitzer hält den Briard als reinen Familienhund. In Frankreich ist der Briard nach dem Deutschen Schäferhund der beliebteste Rassehund.

Vielleicht aufgrund seiner sehr eleganten Erscheinung war der Briard derjenige der französischen Schäferhunde, der als erster in anderen Ländern viele Anhänger fand. In Deutschland werden Briards seit den 70er Jahren gezüchtet – anfangs nur von wenigen Liebhaberzüchtern. In den 90er Jahren nimmt die Zahl der Züchter und der geworfenen Welpen rapide zu. Die Anzahl der Welpen, welche in die Zuchtbücher des Verbandes für das Deutsche Hundewesen eingetragen wurden, ist von 399 Welpen im Jahr 1992 auf 662 im Jahr 1995 gestiegen (1993: 492; 1994: 546, Quelle: VDH). Damit liegt der Briard hinsichtlich der Steigerungsquote der eingetragenen Würfe im Vergleich aller Rassen sehr weit oben. Nicht eingerechnet sind dabei die zahlreichen Würfe, die ohne Rücksicht auf Zuchtbestimmungen „produziert" werden.

Der Abbé Rozier hatte den Briard mit folgenden Worten gepriesen:

„Sein Vorzug liegt nicht in seiner Schönheit, sondern in seinen perfekten Instinkten, seinem angeborenen Gehorsam, seiner Aktivität und Geschicklichkeit und seinem Arbeitseifer."

In beiden Zuchtvereinen, die in Deutschland den Briard betreuen (der Briard Club Deutschland, BCD, und der Club für französische Hütehunde, CfH), ist ein Verhaltenstest Teil der Zuchtzulassung, mit dem sichergestellt werden soll, daß künftige Zuchttiere die angestrebten Verhaltenseigenschaften tatsächlich aufweisen.

Dennoch bleibt unübersehbar, daß unterschiedliche Zuchtlinien sich nicht nur hinsichtlich des Exterieurs der Hunde, sondern auch hinsichtlich deren Verhaltens unterscheiden. Je nachdem, ob das Ziel stärker im reinen Familienhund oder im Erhalt des Gebrauchshunderbes liegt, unterscheiden sich auch die Charaktereigenschaften der Hunde. Im BCD sind in jüngster Zeit vermehrte Bestrebungen zu beobachten, das Gebrauchshunderbe wieder stärker zu beachten.

Doch auch bei Briards aus reinen Familienzuchten sollte ihr genetisches Potential als Gebrauchshund nicht unterschätzt werden. Der heutige Briard trägt noch viele der Eigenschaften seiner Ahnen in sich – Eigenschaften, die ihn für Kenner der Rasse so faszinierend machen, die den Hundehalter aber nicht selten vor Probleme stellen.

Rassestandard und Kommentar

Unter einem Rassestandard versteht man die möglichst umfassende Beschreibung der angestrebten Körper- und Wesensmerkmale eines Rassehundes. Das Ursprungsland der Rasse, im Fall des Briards Frankreich, legt den Standard fest und hinterlegt ihn bei der Fédération Cynologique International (F.C.I.), der Dachorganisation des international anerkannten Hundewesens. Rassestandards werden von Zeit zu Zeit geändert. Der derzeit gültige Standard des Briards wurde bei der F.C.I. 1988 unter der Nummer 113/F eingetragen. Rassevereine sämtlicher Staaten, die in der F.C.I. Mitglied sind, sind an diesen Standard gebunden.

Allgemeines Erscheinungsbild. Der Briard ist ein rustikaler, muskulöser, gut proportionierter Hund von lebhaftem, aufgewecktem Charakter, weder ängstlich noch aggressiv.

Der Briard verkörpert eine harmonische Mischung von Kraft und Eleganz. Seine geschmeidigen, fließenden Bewegungen erinnern an eine Raubkatze. Er scheint geradezu über dem Boden zu schweben, gleichzeitig jedoch kommt die Kraft des Arbeitshundes zum Ausdruck. Unerwünscht sind sowohl schwer-

Briard zu Beginn des 20. Jahrhunderts: Rustikal und kompakt, mit kurzem Fell

fällige Hunde, denen es häufig auch an Temperament fehlt, als auch zu grazile und kraftlose Exemplare.

Der Briard ist ein ausgeglichen temperamentvoller Hund – weder träge noch überdreht. Als Schäferhund muß er frei von Aggressivität oder Ängstlichkeit sowie von lebhaftem Wesen sein, ohne dabei in Hektik zu verfallen.

Größe. Rüden sind zwischen 62 bis 68 cm, Hündinnen zwischen 56 bis 64 cm groß. Hunde mit bis zu 2 cm über der Maximalgröße können bei ansonsten perfektem Äußeren in der Zucht eingesetzt werden, während Hunde unterhalb der Mindestgröße nicht zur Zucht zugelassen werden. Mit diesen Größenbestimmungen ist der heutige Briard deutlich größer als der Urtyp. Als hütender und beschützender Schäferhund durfte der Briard nicht zu klein, aber auch nicht zu groß sein, weil dies auf Kosten seiner Wendigkeit und Ausdauer gegangen wäre. Die heutige Population der Briards befindet sich mittlerweile eher am oberen als am unteren Ende der Größenskala. Deckrüden von nur 62 cm sind z. B. fast nicht zu finden. Doch mit der stetigen Größerzüchtung, die sicherlich auch ein Effekt der zwischenzeitlichen Bevorzugung der großen „Bärentypen" gewesen ist, wird der Rasse des Briards kein Gefallen getan. Nicht nur, daß sich der heutige Briard immer stärker

vom Urtyp entfernt, was als Verstoß gegen das erklärte Zuchtziel der „Erhaltung der Rasse" zu werten ist. Er wird auch schwerer, was nicht nur die Gefahr eines Verlusts des typisch schwebenden Briardgangs mit sich bringt, sondern auch negative gesundheitliche Auswirkungen befürchten läßt.

Körperbau. Der Briard ist ein länglicher Hund, d. h. die Körperlänge ist größer als die Widerristhöhe. Kennzeichnend für den Briard ist die Form des Rechtecks: Von welcher Seite man ihn auch betrachtet, immer ergibt sich das Bild eines Rechtecks, das sich auch in einzelnen Körperteilen (z. B. im Kopf) wiederholt (Abb. 1).

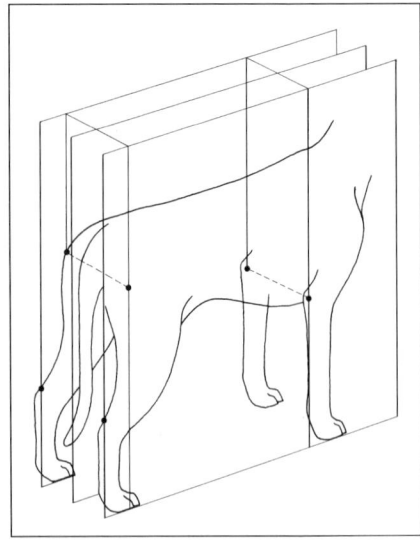

Abbildung 1: Körperbau des Briards

16

Der Körperbau ist muskulös mit einem deutlich von der Schulter abgesetzten Hals. Die *Brust* ist breit, lang und tief. Der *Rücken* ist gerade, die *Kruppe* ein wenig schräg, leicht gerundet. Kräftige Knochen und gute Bemuskelung kennzeichnen die *Läufe,* die senkrecht gestellt sind. An den Hinterläufen befinden sich doppelte Afterzehen. Die *Pfo-* *ten* sind stark und gut geformt (Zwischenform zwischen einer Katzen- und einer Hasenpfote) mit geschlossenen *Zehen* und schwarzen *Krallen.* Die gut behaarte *Rute* wird niedrig getragen, reicht mindestens bis zum Sprunggelenk hinunter und bildet am Ende einen Haken.

Um ausdauernd arbeiten zu können, braucht der Briard einen

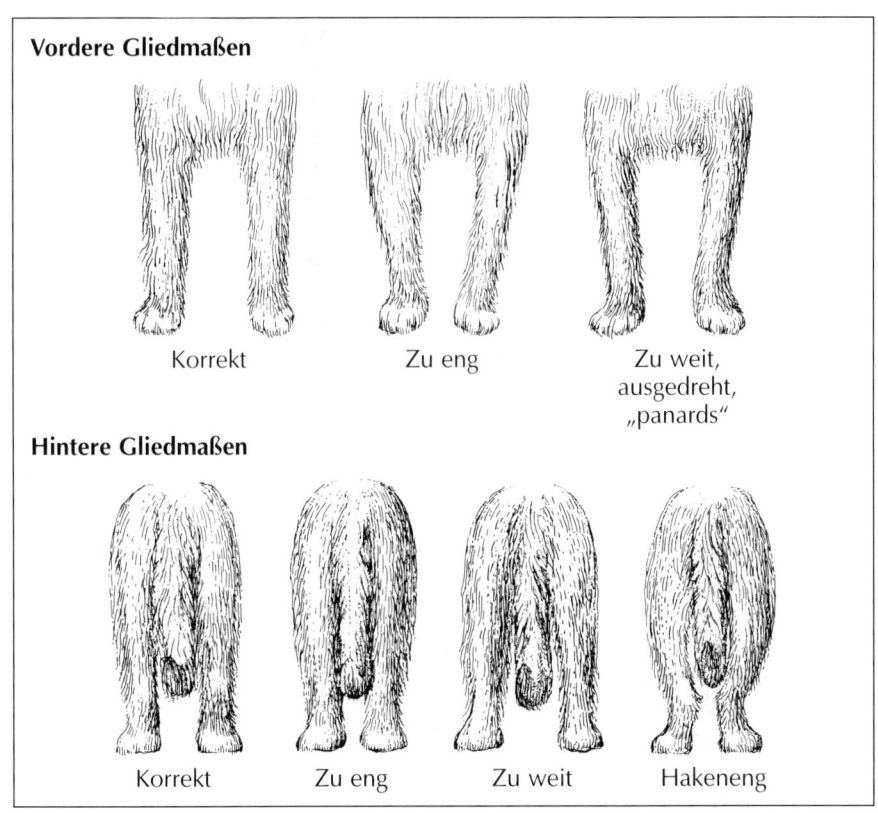

Vordere Gliedmaßen

| Korrekt | Zu eng | Zu weit, ausgedreht, „panards" |

Hintere Gliedmaßen

| Korrekt | Zu eng | Zu weit | Hakeneng |

Abbildung 2: Korrekter und inkorrekter Stand von vorderen und hinteren Gliedmaßen

Brustraum, der Platz für eine große Lunge hat. Das Volumen des Brustraumes ergibt sich durch eine breite (gut gewölbt, kräftig), eine lange (vom Schulterblatt bis zur letzten Rippe) und eine tiefe Brust (vom Widerrist bis mindestens zum Ellbogen herabgezogen).

Die *Rückenlinie* bleibt auch in der Bewegung gerade, ist also weder eingefallen noch aufgewölbt. Die *Kruppe* fällt nur ein wenig ab, sie darf nicht höher liegen als der Widerrist, denn dadurch würde die Harmonie der Körperlinie gestört. Zudem geht eine zu hohe Kruppe meist auch mit einer fehlerhaften Winkelung der Hinterläufe einher – folglich mit negativen Auswirkungen auf das Gangwerk.

Für den ausdauernden Laufhund ist ein funktionales *Gangwerk* von großer Bedeutung. Um eine möglichst optimale Beweglichkeit des Gangwerks zu ermöglichen, muß die *Schulter* gut bemuskelt und

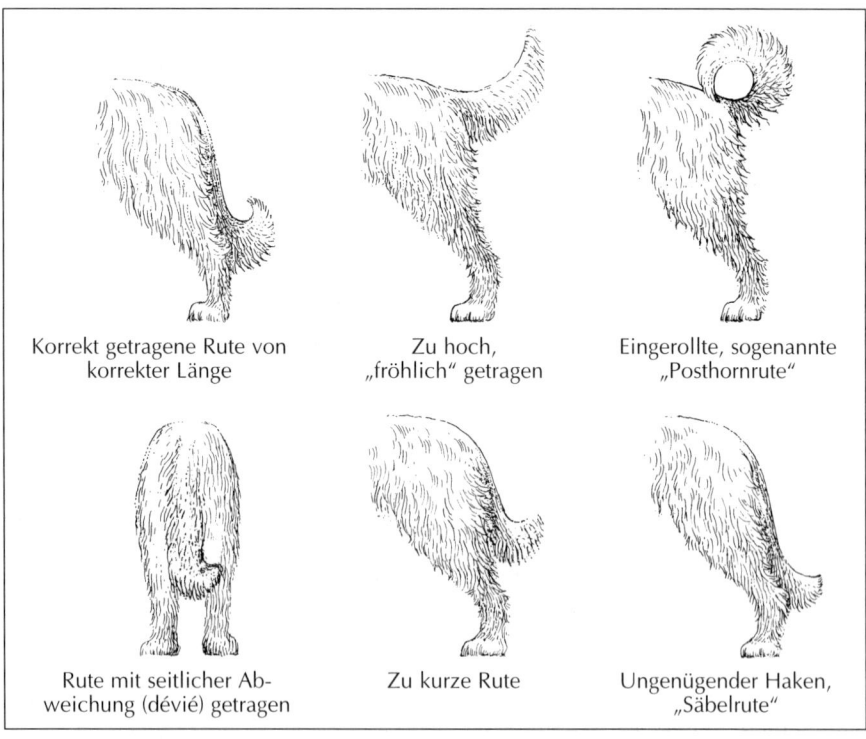

| Korrekt getragene Rute von korrekter Länge | Zu hoch, „fröhlich" getragen | Eingerollte, sogenannte „Posthornrute" |
| Rute mit seitlicher Abweichung (dévié) getragen | Zu kurze Rute | Ungenügender Haken, „Säbelrute" |

Abbildung 3: Korrekte und inkorrekte Rutenhaltung

schräg sein, da eine kurze und gerade Schulter einen steifen Gang mit wenig Schub nach sich zieht. Aus dem gleichen Grund muß die *Winkelung der hinteren Gliedmaßen* stimmen (Winkel zwischen Oberschenkel und Schienenbein ca. 110 Grad). Die *Sprunggelenke* sollten nicht zu nah am Boden und so gewinkelt sein, daß der Hintermittelfuß annähernd senkrecht steht. Die Läufe sollen parallel stehen. Abbildung 2 zeigt den korrekten Stand der Vorder- und Hinterläufe.

Auch die *Pfoten* sind für den Laufhund von Bedeutung: Ausgetretene, flache Pfoten dienen nicht mehr als Stoßdämpfer.

Als eine Besonderheit im Vergleich zu den meisten anderen Hunderassen weist der Briard an seinen beiden Hinterläufen *doppelte Afterzehen* auf, die aus zwei Ballen mit Knochen und Nagel bestehen und so nah wie möglich am Fuß angesetzt sein sollten, um eine bessere Auflage der Pfoten zu ermöglichen.

Die *Rute* muß genügend Länge haben, weil sie dazu dient, das Gleichgewicht zu halten. Im Zustand der Erregung wird die Rute höher getragen – aber nur bis maximal Rückenlinie. Der Haken am Ende der Rute darf weder zu ausgeprägt („Posthornrute"), noch zu offen („Säbelrute") sein, sondern sollte einen Halbkreis bilden, dessen Ende leicht gerundet ist. Fehlerhaft

ist auch, wenn die Rute mit seitlicher Abweichung getragen wird (Abb. 3).

Kopf. Er ist stark und lang mit nur leicht gerundeter Stirn und betontem Stop, der sich in gleicher Entfernung zum Scheitelpunkt und zur Nasenspitze befinden soll. Der Fang ist weder schmal noch spitz, die Nase ist eher viereckig als rund, mit schwarzem Nasenschwamm und gut geöffneten Nasenlöchern. Der Kopf ist mit Haar bedeckt, welches in einem natürlichen Scheitel fällt und Kinn- und Schnauzbart sowie Augenbrauen bildet, wobei die letzteren leicht die Augen verschleiern.

Der Kopf des Briards läßt sich aus allen Perspektiven (seitwärts,

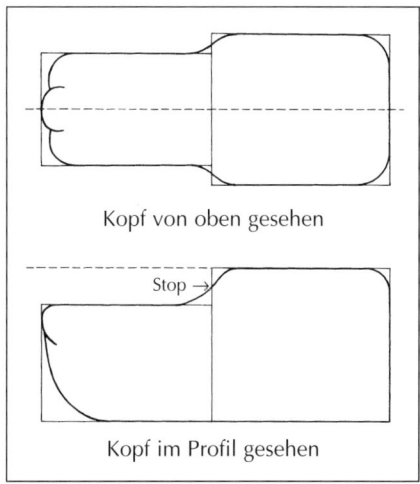

Kopf von oben gesehen

Stop →

Kopf im Profil gesehen

Abbildung 4: Der gewünschte Briardkopf

von oben, von vorne betrachtet) als zwei aneinandergefügte Rechtecke beschreiben (Abb. 4), wobei der Stop zwar ausgeprägt, aber nicht rechtwinkelig ist.

Beide Rechtecke sind von gleicher Länge, der Schädel ist jedoch breiter als der Fang. Die absolut gerade Linienführung des Fangs liegt parallel zu jener des Schädels, bedingt durch den Stop jedoch tiefer.

Ein solch gestalteter, sehr mächtig wirkender Briardkopf ist ein Idealbild, dem die Mehrzahl der Briards nicht entspricht, denn die Fehler sind vielfältig: ein zu kurzer oder zu langer Kopf, ein zu schmaler oder zu spitzer Fang, fehlender Parallelismus, schlecht ausgeprägter Stop etc.

Wichtig ist auch, daß die Proportion Kopf zum Körper harmonisch ist. Der Briard trägt seinen Kopf stolz auf einem muskulösen Hals.

Gebiß. Es ist stark, weiß und perfekt schließend. Gewünscht wird das Scherengebiß, bei dem die oberen die unteren Frontzähne zu einem Viertel bedecken. Das Zangengebiß, bei dem die Zähne Schneidekante auf Schneidekante treffen, wird toleriert. Vor- oder Rückbiß sowie das Fehlen von Zähnen wird geahndet.

Augen. Die großen, eher runden, aber nicht hervortretenden Augen stehen waagerecht und sollten möglichst dunkel sein. Aus den Augen

des Briards spricht eine lebhafte Intelligenz bei gleichzeitig ruhiger Ausgeglichenheit, ohne Anzeichen von Angst.

Die Ränder der Augenlider sind möglichst dunkel und dürfen keine Depigmentation zeigen, was auch für die Lefzen gilt.

Das gute Auge ist schwarzbraun. Beim grau geborenen Briard wird ein graues Auge geduldet.

Ohren. Sie sind hoch angesetzt, liegen nicht an und sind eher kurz. Sie sollen die Hälfte der Gesamtlänge des Kopfes nicht überschreiten. Die Ohren sind flach und mit langem Fell behaart. In Deutschland werden dank des im Tierschutzgesetz verankerten Kupierverbots die Ohren nicht kupiert. Nach wie vor herrschen rund um das Thema „Kupierverbot" hitzige Diskussionen, doch in immer mehr Staaten setzt sich die Einsicht durch, daß das Abschneiden eines Körperteils samt erforderlicher „Nachfolgebehandlungen" wie Kleben oder gar Nähen ein schmerzhafter Eingriff ist, der allein mit ästhetischen Vorlieben begründet wird. Fakt ist jedoch ebenso, daß auf Ausstellungen bei Hunden gleicher Qualität dem kupierten Hund sehr häufig der Vorzug gewährt wird.

Haar. Es ist mindestens sieben Zentimeter lang, gedreht und trocken, etwa dem Ziegenhaar vergleichbar, mit leichter Unterwolle. Ein gutes

Briardfell ist also nicht fein, seidig und flauschig, sondern harsch, fast knirschend.

Diese Ansprüche an das Briardfell spiegeln die Anforderungen wider, denen das Fell eines Gebrauchshundes, der draußen bei Wind und Wetter seine Arbeit verrichtet, entsprechen muß. Ist das Fell zu weich, kann es die aufgenommene Feuchtigkeit schlecht wieder abgeben.

In ihm bleiben auch kleine Zweige, Kletten, Grannen etc., wie auch Schmutz wesentlich leichter hängen, und es neigt dazu, zu verfilzen. Auch zu kurzes, wolliges und welliges Haar bietet keinen ausreichenden Schutz.

Betrachtet man frühe Fotos des Briards, so findet man eine weitge-

hende Übereinstimmung mit dieser Beschreibung der Fellstruktur. In der heutigen Zucht jedoch läßt sich ein eindeutiger Trend hin zum sehr langen Haar feststellen, was leider oft mit einer schlechteren Fellqualität einhergeht. Penibel gescheitelt und glatt gestrichen erreicht die Fellänge bei vielen ausgewachsenen Briards 20 cm oder mehr. Gelingt es, langes Fell von Ziegenhaarqualität zu züchten, ist gegen diese Veränderung im äußeren Erscheinungsbild nichts einzuwenden. Im Vordergrund sollte hier aber nicht die Ästhetik, sondern die Möglichkeit zur Fellpflege stehen. Auch wenn kaum einer der heutigen Briards noch draußen an der Herde arbeitet, haben doch Briardbesitzer einen ähnlichen Wunsch wie die Schäfer:

Grauer Rüde

21

jenen nach einem Hund, der zwar natürlich mehr Pflege erfordert als ein glatter Kurzhaarhund, bei dem die Fellpflege jedoch nicht zur tagtäglichen Schwerstaufgabe ausartet. Einen Briard mit guter Fellqualität zu halten bedeutet, einen langhaarigen Hund zu haben, der entgegen dem äußeren Eindruck keine übermäßigen Pflegeanstrengungen benötigt.

Fellfarben. Der Briard wird in den drei Farbschlägen fauve (ein goldbrauner, leuchtend warmer Farbton wie reifer Weizen), noir (schwarz) und gris (grau) gezüchtet.

Die Farbe muß einheitlich sein, generell gilt, daß die dunklen Farben vorzuziehen sind.

Fauve: Hier sind zwei Kriterien zu beachten: Die Feurigkeit, bzw. Blässe des Fauve und die Gleichmäßigkeit: Haben Körper und Beine eine einheitliche Farbe? Ist der Hund zu sehr charbonniert? (Unter „Charbonnage" versteht man eine Überrauchung der Haarspitzen wie mit Kohlepulver, die bis zur regelrechten Mantelbildung ausgeprägt sein kann). Maske, Rute und die Spitzen des Ohrbehangs dürfen dunkler sein.

Es gibt ein einheitlich feuriges Fauve, man findet ein feuriges Fauve mit Charbonnage und ein zwar einheitliches, aber eher blasses Fauve. Das schlechteste Fauve ist eines, bei dem Blässe und Charbonnage zusammenkommen. Im Hinblick auf die Gleichmäßigkeit des Farbtons scheinen züchterische Bemühungen in jüngster Zeit zu fruch-

Fauver Rüde

ten, doch was die Feurigkeit angeht, ist festzustellen, daß viele Briards eher blaß sind.

Im Verlauf der ersten drei Lebensjahre verändert sich die Farbe des fauven Briards stark. Um den 12. Lebensmonat herum beginnt das Fell immer heller zu werden, bis der Briard schließlich im Extremfall gänzlich weiß ist. Dann beginnt das Fell wieder nachzudunkeln. Mit ca. drei Jahren ist der Briard dann wieder dunkel – sofern er eine entsprechende genetische Veranlagung hat. Viele Briards werden nach der hellen Phase eben nicht grundlegend dunkler, sondern erreichen nur ein blasses Fauve.

Noir: Auch die Züchter schwarzer Briards haben mit der korrekten Farbe zu kämpfen. Gewünscht wird ein Schwarz ohne rötlichen Schimmer.

Es kann nach ein oder zwei Jahren mehr oder weniger stark ausgeprägt vereinzelte graue Haare aufweisen, man spricht dann von einem „noir-ardoisé" (Schiefergrau). Völlig pechschwarze Briards stellen eher Ausnahmen dar und sollen bei Ausstellungen nicht vorgezogen werden.

Gris: Unter den grauen Briards gibt es zwei Varianten: Die einen werden schwarz geboren und verfärben sich im Laufe der ersten drei Lebensjahre zu grauen Briards (noir-gris). Die anderen werden bereits grau geboren (gris-gris) und haben meist hellere Augen. Diese Farbe ist selten.

Schwarzer Rüde

23

Charakter und Verhalten des Briards

Es sollen hier jene überlieferten Charaktermerkmale des Briards beschrieben werden, die zu erhalten in der heutigen Zucht angestrebt wird. Dabei darf man jedoch nicht vergessen, daß es natürlich bei aller rassetypischen Gemeinsamkeit individuelle Unterscheide in den Eigenschaftsprofilen gibt.

Nun besteht ein Problem darin, daß der Standard des Briards, auch in seinen diversen Überarbeitungen, hinsichtlich der angestrebten Charaktereigenschaften keine so detaillierten Angaben macht wie hinsichtlich des erwünschten äußeren Erscheinungsbildes. Daher muß eine heutige Beschreibung des Briardcharakters sowohl die Aussagen des Standards, die Interpretationen „alter" Briardkenner, aber auch die Anforderungen, die an Schäferhundrassen allgemein zu stellen sind, berücksichtigen.

Aus dieser Synthese ergibt sich folgendes „Idealbild" des Briardcharakters:

Er zeigt noch all die Eigenschaften, die einen arbeitstüchtigen Schäferhund auszeichnen: Voller Temperament bewältigt er mit großem Arbeitseifer unermüdlich und selbstbewußt die an ihn gestellten Aufgaben, ja er drängt geradezu danach, eine Aufgabe zu bekommen. Seine ausgeprägte Sensibilität ermöglicht ihm bei richtiger Haltung und Erziehung eine enge Bindung an seinen Halter bzw. seine Familie, die eine wichtige Grundlage seiner hervorragenden Ausbildungsfähigkeit ist. Er führt jedoch erteilte Befehle nicht nur aus, sondern ist als entscheidungsfreudiger Hund auch zu eigenständiger Arbeit in der Lage. Seine Lernbegierde, Assoziations-/Kombinationsbegabung und hohe Reaktionsbereitschaft ermöglichen in Gemeinsamkeit mit seiner Bindungsbereitschaft eine gute Führigkeit. Den Briard zeichnet dabei ein sehr sensibles Autoritätsverständnis aus: Er braucht ein klar hierarchisch durchstrukturiertes Familienrudel, in dem er einen festen Platz unterhalb der erwachsenen menschlichen „Rudelmitglieder" einnimmt.

Als Schäferhund, dessen Aufgabe nicht nur das Hüten, sondern auch die Verteidigung der Herde ist, zeichnet er sich durch Wachsamkeit und Wehrhaftigkeit aus, die mit einer Reserviertheit, mitunter Mißtrauen fremden Menschen gegenüber und mit einem mittleren Agressionsniveau einhergehen.

Fehlt nur noch das Surfbrett

Als lebhafter Hund ist er bei richtiger Haltung ein fröhlicher, anhänglich-verschmuster, ja drolliger Kamerad, der nur den einen Wunsch hat: Immer bei allen Aktivitäten seiner Familienherde dabeisein zu dürfen. Stets bereit, bei jedem Unfug mitzumachen, erweist er sich aber andererseits als ruhiger Wohnungsgenosse, wenn die Familie ihre Ruhe haben will. Den Anforderungen des Alltagslebens begegnet er offen, unerschrocken, aber zugleich umsichtig.

Aus dieser Kennzeichnung des erwünschten Briardcharakters ergibt sich im Umkehrschluß der Charakter, den die Briardzüchter vermeiden wollen: einen ängstlichen Hund, der auf die verschiedensten Reizlagen mit Panikverhalten reagiert; einen trägen, schlaffen Hund, der kaum zu gemeinsamen Tun, geschweige denn zum Ausführen der an ihn gestellten Aufgaben zu motivieren ist; einen hektischen, nervösen Hund, der seine angespannte Gemütslage durch Dauergebell zum Ausdruck bringt; einen feigen Hund, der bei ernstlicher Bedrohung das Weite sucht; einen Hund, der Einbrecher nicht ankündigt oder gar noch freundlich begrüßt; aber auch genausowenig einen aggressiven Hund, der grundlos angreift; einen Hund, der als „everybody's darling" ausnahmslos zu allen fremden Menschen ohne vorherige Prüfung sofort begeistert Kontakt aufnimmt; einen tölpelhaften Hund, der nur schwer oder gar nicht begreift, was von ihm erwartet wird.

Nicht der süße Knuddelbär oder der elegante Salonlöwe sind das Ziel, sondern ein temperamentvoller, arbeitseifriger, selbstbewußter und zugleich eng auf seinen Führer bezogener Briard, der seinen Familienmitgliedern ein treu ergebener Kamerad ist, der sie sicher in allen Alltagssituationen begleiten und zur Not aktiv beschützen kann.

Auf diese Beschreibung des Briardcharakters mag man vielleicht mit spontaner Begeisterung reagieren – doch Vorsicht: Seine faszinierenden Vorteile bringen als Kehrseite Nachteile mit sich, die vielen Erstbriardbesitzern und hier insbesondere jenen, die keinerlei Hundeerfahrung mitbringen, z. T. erhebliche Probleme bereiten können.

Die meisten Menschen werden eher einen *sensiblen* gegenüber einem harten, schwer zugänglichen Hund bevorzugen. Doch die Kehrseite der Sensibilität kann zum einen darin liegen, daß der Briard etwas länger als andere, weniger sensible Hunde braucht, mit neuen Situationen zurechtzukommen. Zum anderen nimmt er eine falsche Behandlung durch seine Besitzer leichter übel. Für unerfahrene Besitzer ist es mitunter schwer, den beim Briard schmalen Grat zwischen einer liebe-

Arbeit mit dem Briard:
Fährten, Schutz-
und Rettungsdienst

27

Briards beobachten ihre
Umgebung sehr genau

vollen und zugleich konsequenten Führung zu finden. Agiert der Besitzer zu weich, insbesondere bei Rüden, besteht die Gefahr, daß der Briard sich in der Familienhierarchie nach oben arbeitet. Reagiert der Besitzer, wie unter Hundehaltern leider immer noch verbreitet, sehr rasch mit Härte, besteht beim sensiblen Briard die Gefahr des Vertrauensverlustes.

Auch der ausgeprägte *Beschäftigungsdrang* des Briards ist nicht nur von Vorteil. Für Hundefreunde, die sich in ihrer Freizeit aktiv mit dem Hund beschäftigen wollen, sei es im Breitensport, bei der Fährtenausbildung, beim Schutzdienst etc. ist ein solcher Hund ein Segen. Wer ihn jedoch als reinen Familienhund

halten will, muß sich darüber im klaren sein, daß kurze Gassispaziergänge oder vielleicht auch vereinzeltes Stöckchenwerfen auf dem Spaziergang dem Lauf- und Beschäftigungsdrang des Briards nicht gerecht werden. Der Briardbesitzer muß seinem Hund eine sinnvolle Beschäftigung bieten. Diese sinnvolle Beschäftigung muß gar nicht unbedingt ein Hinarbeiten auf Prüfungen im Gebrauchshundesport sein, sie kann genauso in der Erteilung von Aufgaben im Alltag bestehen: die Zeitung hereinholen, kleine Kunststücke zu erlernen etc. Ein unterbeschäftigter Briard ist nicht nur ein unglücklicher Briard, sondern häufig auch einer, der seinen Besitzern ebenfalls Kummer macht, da er sich Ersatzbeschäftigungen sucht, die selten die Zustimmung der Besitzer finden, z. B. Dauermelden auch des kleinsten Geräuschs in einer dicht bewohnten Siedlung, erfolgreiches Erlegen von Wassergeflügel, Hatz auf Jogger, unermüdliches Kräftemessen mit anderen Rüden, Zerlegung des Mobiliars etc. Auch die eher seltenen Exemplare eines unterbeschäftigen Briards, die ihre Frustrationen nach innen lenken, ihre Lebensfreude verlieren und in sich gekehrt traurig den ganzen Tag herumliegen, eventuell mit selbstzerstörerischen Aktionen beginnen (wie Fellausreißen oder unermüdlichem Pfotenlecken) machen zwar nach außen weniger Streß, doch ihren liebenden Besitzern kaum weniger Kummer.

Wer wünschte sich nicht einen *intelligenten, lernbegierigen* Hund? Vergessen wird dabei jedoch meist, daß solche Hunde nicht nur das schnell lernen, was sie lernen sollen, sondern auch das, was sie nicht lernen sollen. Das sogenannte „heimliche" Lernen, also die vom Halter ungesteuerten Lernprozesse beim Hund, in denen dieser durch Belohnung bzw. negative Folgen lernt, mit

Der Arbeitseifer der Briards ist unbegrenzt

welchem Verhalten er was erzielen kann, nehmen häufig einen größeren Stellenwert ein als geplante Lernprozesse im Zuge der Erziehung. Ein intelligenter und lernbegieriger Hund wie der Briard lernt daher sehr schnell viele Unarten, vor allem aber besteht die Gefahr, daß er durch inkonsequentes Verhalten seiner Besitzer lernt, wie er diese austricksen kann. Schließlich gilt wie bereits für seinen Beschäftigungsdrang beschrieben, daß ein intelligenter Hund Herausforderungen braucht. Das völlige Fehlen von Anforderungen, aber auch die stupide Wiederholung einiger weniger, immer gleicher Anforderungen führt beim Briard zu Lustlosigkeit und Langeweile, die er – je nach Temperament – anderweitig zu kompensieren sucht.

Auch die selbstbewußte *Eigenständigkeit* und *Entscheidungsfreudigkeit* des Briards wird von Hundefreunden geschätzt, die einen charakterstarken Hund suchen, der nicht nur ein willfähriger Befehlsempfänger ist. Doch auch dies hat seine Kehrseite: viele Briards neigen dazu, nur allzuoft ihre eigenen Entscheidungen zu treffen, die denen ihrer Besitzer diametral entgegenstehen.

Vielen Menschen gefällt es, wenn der eigene Hund *„unbestechlich"* ist, sich nicht von fremden Menschen leicht heranlocken läßt und deutlich zeigt, daß sein großes Herz nur für seine Familie schlägt. Doch die Reserviertheit des Briards hat auch ihre Schattenseiten. Ein reservierter Hund begegnet fremden Menschen mit Zurückhaltung, ja häufig auch einem Mißtrauen, welches es schwer macht, ihn von jemand anderem anfassen zu lassen – was beim Tierarzt, aber auch auf Ausstellungen erforderlich ist. Sollte es nötig werden, daß ein Nichtfamilienmitglied ihn für eine Zeitlang beaufsichtigen muß, so braucht der Briard Zeit, bis er sich daran gewöhnt. Entsprechend problematisch können Spaziergänge mit dem Briard werden, da er mit seinem Aussehen als Teddybär immer wieder wildfremde Menschen dazu provoziert, ihn streicheln zu wollen. Der Briard will selbst die Entscheidung treffen, wann er mit wem wieweit Kontakt aufnehmen möchte – er will den ersten Schritt tun. Auf unerwünschte Annäherungen kann der Briard durchaus mit Abwehrknurren reagieren, welches den Besitzern sofort das Urteil einbringt, sie hätten einen bissigen Hund an der Leine. Doch ein Hund, dessen Aufgabe u. a. das Bewachen und die Verteidigung „seiner" Herde ist, braucht eine gesunde Portion Reserviertheit gegenüber Fremden. Der Wunsch vieler Hundehalter nach einem Hund, der sie einerseits zuverlässig schützt, andererseits aber sofort lieb und freundlich zu allen Menschen ist, ist nicht erfüllbar. Dies gilt nicht nur für den Briard, sondern ebenso für andere Rassehunde mit ähnlichen, ursprünglichen Aufgabengebieten.

Wach- und Schutzhundqualitäten sind in der heutigen Zeit zunehmender Gewalt in der Gesellschaft mehr und mehr gefragt. Ein Hund, der zuverlässig meldet, wenn sich Fremde nähern, der allein schon durch sein imposantes Äußeres abschreckt und von dem man zudem weiß, daß er im Ernstfall seine Familie aktiv körperlich verteidigen würde, vermittelt seinen Besitzern Sicherheit. Zu schnell wird dabei jedoch vergessen, daß diese Wach-

und Wehrbereitschaft des Briards auch erhebliche Probleme mit sich bringen kann.

Ein *wachbereiter* Hund beobachtet sehr aufmerksam seine Umwelt, nimmt dementsprechend kleinste Abweichungen vom Bekannten wahr und reagiert mit vorsichtiger Prüfung, was unerfahrene Beobachter als ängstliches Verhalten auslegen. Doch eine Portion Angst ist nicht nur die Voraussetzung seiner Wachbereitschaft, sondern generell ein überlebenswichtiger Mechanismus im Tierreich.

Einem stets *wehrbereiten* Hund muß klargemacht werden, daß ein

Wir passen auf

kurzes Anschlagen zwar erwünscht ist, nicht aber eine andauernde Kaskade wütenden Drohgebells. Der Besitzer muß seinem Briard unmißverständlich zeigen, daß er und nicht der Hund derjenige ist, der über die Rechtmäßigkeit des Zutritts einer fremden Person entscheidet – eine Klarstellung, die viele Briards gar nicht gerne sehen.

Die Schutzbereitschaft eines Briards auf eigenem Territorium ist die eine Seite. Die andere Seite ist jedoch jene, daß viele Briards auch außerhalb ihres Territoriums einen ausgeprägten Hang verspüren, ihre Familie vor einer Bedrohung zu schützen. Ist dies im Fall einer Belästigung oder gar eines Überfalls nur allzu erwünscht, sieht die Sache ganz anders aus, wenn der Briard eine Situation als Bedrohung interpretiert, die faktisch keine ist. Trifft beispielsweise ein Briard bei seinem Spaziergang mit dem Besitzer durch einen einsamen Wald plötzlich auf einen Pilzsammler, so ist mit ziemlicher Sicherheit davon auszugehen, daß er diesen energisch verbellen wird, denn aus seiner Sicht ist das Verhalten dieses Menschen absolut ungewöhnlich – normalerweise kriechen Menschen nicht im Wald auf der Erde herum. Gleiche Reaktionen können auch Leute in wallenden Gewändern oder Kapuzenmänteln, behelmte Motorradfahrer, aber auch Menschen, die sich arrhythmisch

bewegen etc., auslösen. Beim Sitzen auf einer Bank in einer Grünanlage muß damit gerechnet werden, daß der Briard keine Spaziergänger über einen bestimmten Toleranzradius hinaus an die Bank herankommen lassen will. Nun wird er sich nicht sekundenschnell auf den Menschen stürzen und diesen bei der Gurgel packen, doch das Heranstürmen und auch selbst das drohende Aufbauen eines Briards, unterstützt von tiefem Grollen oder auch entschiedenem Drohgebell, reicht absolut aus, andere Menschen in Schrecken zu versetzen. Daher ist eine ständige Aufmerksamkeit des Besitzers erforderlich, um Situationen, die der Briard möglicherweise als bedrohlich einschätzt, vorausschauend zu erkennen und entsprechend zu handeln, sprich ihm qua eigener Autorität Drohgebärden zu untersagen.

Man kann von einem Hund nicht auf der einen Seite gute Schutzqualitäten erwarten, sich gleichzeitig aber auch ein niedriges Aggressionsniveau erhoffen. Der Briard hat ein mittleres Aggressionspotential, was sich nicht nur in seiner Meldebereitschaft und Revierverteidigung äußert, sondern auch in zwei anderen Aspekten, die die Haltung eines Briards nicht ganz einfach machen: Er zeigt nicht selten Aggressionen gegenüber anderen Hunden und ein deutliches Streben nach Dominanz über seinen Besitzer.

Besonders in jüngerer Zeit genießt der Briard leider mehr und mehr den Ruf eines Raufers. Dabei sind weder überfallartige Attacken aus dem Hinterhalt noch ernsthafte Beißereien mit entsprechenden Bißverletzungen typisch. Typisch ist vielmehr, daß der Briard in Hundebegegnungen immer derjenige sein will, der bestimmt, wie die Begegnung abzulaufen hat. Er will entscheiden, ob und wieweit sich ihm ein anderer Hund nähern darf, wobei viele Briards einen nicht gerade engen persönlichen Distanzrahmen haben. Wird dieser Mindestabstand von einem fremden Hund zu schnell überschritten, ohne daß dieser sozusagen die „Erlaubnis" des Briards erhalten hat, reagieren viele Briards mit aggressivem Verhalten. Auch wenn sie Angst vor einem fremden Hund haben, neigen Briards doch eher zum Angriff als zum Rückzug.

Unterordnung ist ein Muß

Provokationen seitens anderer Hunde lassen sich Briards nicht so ohne weiteres bieten – es sei denn, diese fallen allzu lächerlich aus. Kommt es zu einem Kampf, ist der Briard häufig nicht gewillt, sich zu unterwerfen – es sei denn, er trifft auf einen wirklich psychisch dominanten und ihm körperlich überlegenen Hund, und die sind nicht allzu häufig. Besonders Jungrüden können ihre Besitzer mit diesem Verhalten zur Verzweiflung treiben, da jede Rüdenbegegnung zu einem Abenteuer mit ungewissem Ausgang wird. Nicht zu unterschätzen sind dabei die körperlichen Kräfte des Briards, die es sehr schwermachen, einen ausgewachsenen Briard bei dessen Angriff unter Kontrolle zu bekommen. Es erfordert häufig eine sehr lange, geistig wie körperlich anstrengende Arbeit mit dem Briard, um diesen zu einem gesitteten Begleiter in Hundebegegnungen zu erziehen.

Ein mindestens ebenso großes Problem stellt die Kehrseite seines *sensiblen Autoritätsverständnisses* dar: Versäumen es die Besitzer, ihm seinen untergeordneten Rang im Familienrudel unmißverständlich klarzumachen, wird sich der heranwachsende Briard bemüßigt fühlen, die vakante Stellung des Rudelführers zu übernehmen. Es liegt in der Natur des Hundes als Abkömmling des Wolfs, in einem Rudel mit einer klar geordneten sozialen Hierarchie zu leben. Der Briard hat nun ein besonders feines Gespür dafür, wenn im Familienrudel Unordnung herrscht, d. h. keine Leitpersönlichkeit vorhanden ist. Er versucht, Ordnung in das aus seiner Sicht bestehende Chaos zu bringen, indem er die Herrschaft übernimmt. Das passiert auch, wenn ihm Rechte eingeräumt werden, die eigentlich nur dem Boß zukommen. Von nun an trifft der Hund die Entscheidung, was läuft oder eben nicht läuft. Der Besitzer hat keine Chance mehr, dem Hund etwas abzuverlangen, was dieser nicht wünscht. Der Hund bestimmt dann beispielsweise auch, daß er nicht mehr gebürstet wird, daß niemand sich der Küche als dem Ort seines Futters zu nähern hat, daß der Fernsehsessel ihm gehört und daß Onkel Herbert unter keinen Umständen mehr seinen Fuß über die Schwelle der Eingangstür zu setzen hat.

Wie bereits gesagt: All diese möglichen negativen Eigenschaften des Briards sind letztlich nur die Kehrseiten seiner ganzen Vorzüge. Genetisches Erbe, Früherfahrung beim Züchter, Haltung, Sozialisation und Erziehung durch den Besitzer sind ausschlaggebend dafür, ob der erwachsene Briard nur bzw. hauptsächlich die Sonnenseiten seines Charakters zeigt.

Richtig gehaltene und erzogene Briards sind temperamentvolle, lebenslustige, aufgeweckte Hunde, die noch all die positiven Potentiale ihres Schäferhunderbes mitbringen. Weder ängstlich noch aggressiv, stehen sie wie ein Fels in der Brandung. Beim Briard ist wie bei kaum einer anderen Rasse eine wunderbare Synthese von Temperament und ruhiger Souveränität vorzufinden.

Briards können dem Menschen wunderbare, charakterstarke und doch zugleich treue und anhängliche Begleiter sein, die mit ihm durch dick und dünn gehen. Doch das beste genetische Erbe nützt nichts, wenn die neuen Besitzer des Welpen Fehler machen – Fehler, die beim Briard erhebliche Konsequenzen hinsichtlich eines glücklichen Lebens von Hund und Mensch nach sich ziehen können.

So stellt sich die Frage, ob die mitunter zu beobachtende fehlende briardtypische Souveränität Produkt einer Zucht ist, die zu wenig auf die Erhaltung und Verbesserung des Briardwesens geachtet hat oder nicht auch eine Folge seiner rasant gestiegenen Popularität, die dazu geführt hat, daß viele Menschen sich für diesen wundervoll aussehenden Hund entschieden haben, die mit der Haltung und Erziehung dieser nicht einfachen Rasse überfordert sind.

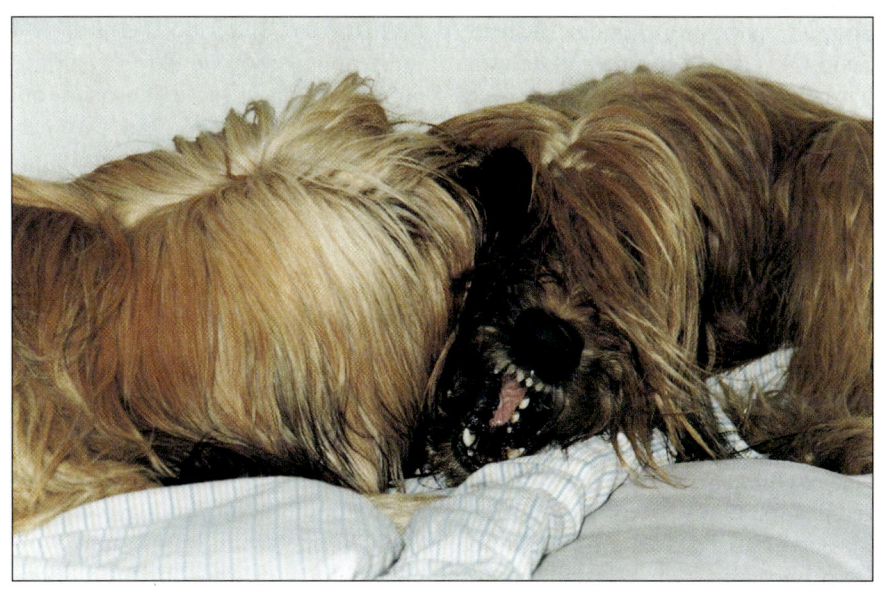

Diese beiden „kämpfen" nur spielerisch

Haltung des Briards

Aus der Beschreibung des typischen Charakters und Verhaltens des Briards ist sicherlich deutlich geworden, daß er nicht unerhebliche Anforderungen an Haltung und Erziehung stellt.

Die wenigsten vermuten hinter der Fassade dieses kräftigen, imposanten und dabei zugleich an einen knuddeligen Teddybären erinnernden Hundes ein Tier von ausgeprägter Charakterstärke, das sich nicht so einfach die Butter vom Brot nehmen läßt – weder von anderen Hunden, noch von seinem Besitzer. Schon in der frühesten Erziehung wird beim drolligen kleinen Kerl über vieles hinweggesehen – die Quittung bekommen die Besitzer spätestens, wenn der Briard anderthalb Jahre alt ist.

Die Haltung eines Briards erfordert unbedingt eine umsichtige Erziehung und Ausbildung, die dem spezifischen Briardcharakter gerecht wird. Liebe, Einfühlungsvermögen, Geduld, Humor und Konsequenz sind die Schlüsselwörter in der Briarderziehung – mit Härte allein erreicht man beim Briard gar nichts.

Der Briard ist kein Zwingerhund. Er muß unter allen Umständen am Familienleben teilnehmen dürfen, ansonsten verkümmert er seelisch. Er will mittendrin sein, und dank seines normalerweise stabilen Nervenkostüms kann man ihn auch an allen Aktivitäten teilhaben lassen. Ob Stadtbummel, Kneipenbesuch, Bootstour, Reise mit öffentlichen Verkehrsmitteln, Reitturnier etc. – für einen in der Welpen- und Jugendzeit gut geprägten Briard ist das alles kein Problem.

Ein Briard möchte einen geregelten Alltag – ein Anspruch, der wohl in seinem Schäferhunderbe verankert ist.

Seine angeborene Zurückhaltung gegenüber fremden Menschen erfordert es, gerade dem Welpen sehr viel positiven Kontakt zu anderen Menschen im Sinne von „vertrauensbildenden Maßnahmen" zu verschaffen. Ein mögliches aggressives Losstürmen auf Fremde, von denen keine Bedrohung ausgeht, ist beim ersten Ansatz scharf zu unterdrücken.

Was für Welpen aller Rassen und Rassemixe gilt, das gilt für den Briard, der im Umgang mit anderen Hunden häufig nicht unproblematisch ist, erst recht. Ihm müssen von der Welpenzeit an sehr viele Kontaktmöglichkeiten zu anderen Hun-

Keine Probleme mit der Seekrankheit

den geboten werden. Ideal ist die Teilnahme an sogenannten „Welpenspieltagen" oder „Prägungsspieltagen".

Diese dienen nicht, wie oft falsch vermutet, der möglichst frühen Ausbildung des Welpen. Im Vordergrund steht vielmehr das Spiel unter Gleichaltrigen, in dem die Welpen spielerisch alle Formen hundlicher Kommunikation erlernen.

Entsprechend seinem Bewegungsdrang und Laufbedürfnis braucht der Briard sehr viel Auslauf und körperliche Herausforderungen. Mit gemütlichem Spazierengehen ist es

nicht getan. Für den ausgewachsenen Hund ist ein flotter Trab neben seinen joggenden oder radfahrenden Besitzern gerade richtig. Geradezu ideal für seinen Lauf-, aber auch für seinen Beschäftigungsdrang ist Agility. Bei dieser Sportart kommt es im Unterschied zum „normalen" Breitensport nicht nur auf die Schnelligkeit des Hundes, sondern auch auf dessen Führigkeit an. Der Hund muß einen Parcours mit vielfältigsten Hindernissen bewältigen, die er überspringen, überklettern, durchkriechen muß, wobei er per Hör- und Handzeichen geschickt wird.

In vollem Lauf

Dies erfordert Konzentration und Gehorsam des Hundes, so daß er nicht allein körperlich, sondern auch geistig gefordert wird. Briards arbeiten aber genausogut als Rettungs,- Schutz- und Fährtenhunde.

Generell gilt, daß der Briardbesitzer eine sinnvolle Beschäftigung für seinen Hund suchen muß. Wer dem traditionellen Hundesport abgeneigt ist, muß die eigene Kreativität einsetzen und sich Aufgaben für seinen Briard ausdenken, die dessen körperlicher und geistiger Leistungsbereitschaft gerecht werden.

Diese Beschäftigung sollte klar den Charakter einer gemeinsamen Aktivität haben, denn damit wird die Bindung zwischen Besitzer und Hund entscheidend gefördert und somit die Grundlage für eine gelungene Erziehung gelegt.

Ein Briard ist kein Hund, der „so nebenher" in der Familie mitläuft und sich irgendwie von selbst erzieht. Er benötigt eine gezielte, erzieherische Beschäftigung und braucht zumindest für eine kurze Zeit am Tag die ungeteilte Aufmerksamkeit seines Besitzers. Dies nimmt viel Zeit in Anspruch. Drei Stunden täglich sollten für Auslauf, Umweltgewöhnung, Erziehung, gezielte Beschäftigung und Pflegemaßnahmen mindestens eingeplant werden.

Wer einen lieben, zutraulichen, anspruchslosen Hund sucht, der quasi nebenher erzogen werden kann, der spätestens nach der Pubertät ein gesitteter Hausgenosse ist, sich problemlos im Familienrudel unterordnet, den man bei Spaziergängen nicht groß im Auge behalten muß, weil er beispielsweise weder die Neigung zur Jagd, noch zur Verteidigung seines Rudels verspürt, der Rangeleien mit anderen Hunden lieber aus dem Weg geht – der ist mit einem Briard mit Sicherheit falsch beraten.

Wer jedoch Erfahrungen in der Hundeerziehung hat, einen urtümlichen Hund und die Entdeckung einer ausgeprägten Persönlichkeit schätzt; wer einen beschützenden Hund sucht, der aber gleichzeitig höchst sensibel und zärtlich ist; wem es nichts ausmacht, (hunde)lebenslange Erziehungsbemühungen durchzustehen; wer seinem Hund mit liebevoller Konsequenz begegnet; wer ein stabiles Nervenkostüm hat, das ihn all die Peinlichkeiten, in die ihn sein Hund bringen wird, überstehen läßt; wer sich nicht zu schade ist, bei Problemen andere, erfahrenere Briardbesitzer um Rat zu fragen; wer den Dreck, den dieser Hund in die Wohnung bringt, ebenso mit Fassung erträgt wie das tägliche Trockenlegen des begeisterten Schwimmers – der wird im Briard nicht nur einen wunderschönen, sondern einen intelligenten, temperamentvollen, unbedingt treuen, verschmusten, sensiblen Begleiter finden.

Der Briard – ein Familienhund?

Versteht man unter „Familie" einfach nur das Vorhandensein mehrerer Personen, so ist der Briard als Schäferhund ein idealer Familienhund, da er nicht zu den Rassen der sogenannten „Einmannhunde" gehört. Er nimmt sofort alle zwei- und vierbeinigen Mitglieder seines neuen Haushalts als sein neues Rudel auf, was eine besonders enge Bindung zu einer Bezugsperson nicht ausschließt. Doch mit der Frage nach einem optimalen Familienhund ist meist gemeint, ob sich eine Rasse gut für Kinder eignet. Um dies zu beantworten, ist zunächst zu klären, was einen optimalen Kinderhund auszeichnet. Dies sind sicherlich eine hohe Reizschwelle, eine geringe Aggressionsbereitschaft, ein mittleres Temperament und ein geringes Dominanzstreben. Was diese Kriterien anbelangt, so ist der Briard als guter, nicht aber als optimaler Kinderhund einzustufen. Am besten paßt noch sein Temperament: Er bringt genug mit, um die wilden Spiele der Kinder begeistert mitzuspielen, ist aber andererseits ein ruhiger Hausgenosse, der neben den Kindern nicht noch zusätzlichen Trubel veranstaltet. Seine Reizschwelle ist normalerweise hoch genug, um all die optischen und akustischen Reize, die ein Kinderhaushalt mit sich bringt, aber auch die ihn betreffenden Neckereien einigermaßen gelassen zu überstehen. Man wundert sich oft eher darüber, was der Briard sich alles gefallen läßt. Dennoch muß man sich darüber im klaren sein, daß er durchaus ein anderes Aggressionspotential mitbringt als beispielsweise ein Golden Retriever. Wenn es einem Briard wirklich mal zu viel wird, kann er die Kinder durchaus mit Knurren, wenn das nichts hilft, mit einem Zwicken zurechtweisen. Insbesondere kleine Kinder sieht er eher als Welpen an, die Welpenschutz genießen. Dieser besagt jedoch nicht, daß Welpen völlige Narrenfreiheit hätten. Treiben sie es zu bunt, werden sie von den erwachsenen Tieren energisch zurechtgewiesen – auch mit den Zähnen. Zarte Kinderhaut verträgt diese Zurechtweisung nur leider nicht so gut wie Welpenfell. Andererseits können Kinder auf diese Weise auch eher lernen, daß ihr tierisches Familienmitglied kein lebendiges Spielzeug ist, das man nach Lust und Laune malträtieren kann.

Ein Briard stuft ein Kind nicht als ranghöher ein. Antrainierte Befehle wird er auch beim Kind befolgen, vor allem, wenn dieses mit Leckerchen ausgerüstet ist. Doch der Briard mit seinem sensiblen Autoritätsverständnis läßt sich in für ihn wichtigen Belangen nicht von einem Kind bestimmen.

Hier verstehen sich
Kind und Hund

Briards sind „ihren" Kindern ge-genüber generell sehr nachsichtig und gehen für ihre Körpergröße erstaunlich behutsam, ja geradezu zärtlich mit ihnen um. Sie toben be-geistert mit den Kindern, und ein Briard in einem Kinderhaushalt er-lebt häufig viel mehr „action" als ein Briard, der ohne Kinder lebt.

Eigene Kinder bedeuten jedoch zugleich auch den Besuch von ande-ren befreundeten Kindern – Nach-barskindern, Schulkameraden, Spiel-kameraden. Heutzutage wissen viele Kinder nicht, wie man sich einem Hund gegenüber zu verhalten hat, so daß Mißverständnisse zwischen Hund und Kind nicht unüblich sind. Der Hund fühlt sich bedroht, das Kind deutet seine Zeichen nicht richtig, und schnell ist das Malheur passiert: Der Hund schnappt nach dem Kind. Ist es schon schwer ge-nug, die eigenen Kinder im Umgang mit dem Hund stets zu beaufsich-tigen, so wird die Lage bei einer ganzen Schar von Kindern schnell unübersichtlich. Dieses Problem ist im übrigen nicht briardtypisch, son-dern es stellt sich generell, wenn Hund und Kind zusammenleben. Beim Briard kommt jedoch noch seine Wach- und Schutzbereitschaft hinzu. Ein Kind, das beispielsweise nicht, wie er es von erwachsenen Besuchern gewöhnt ist, durch die Gartenpforte geht, sondern über den Zaun klettert, kann von ihm durchaus mit Drohgebell gestellt werden.

Wenn Eltern sich mit dem Ziel einen Hund anschaffen, damit das Kind eine Aufgabe hat, ihn ausführen oder gar erziehen soll, so ist der Briard dafür denkbar ungeeignet. Allein seine Körpergröße und sein Gewicht machen es jedem Kind unmöglich, ihn in einer gefährlichen Situation zuverlässig unter Kontrolle zu halten – und solche Situationen kommen selbstverständlich vor. In seinen ersten drei Lebensjahren ist der Briard selber ein Kind, bzw. Jugendlicher, der sich auch bei sehr guter Erziehung durchaus nicht immer gesittet benimmt. Ein Stemmen in die Leine, und das Kind liegt auf der Nase, derweil der Briard über die Straße rennt, um seine Lieblingsfreundin zu begrüßen. Doch nicht nur aufgrund ihrer körperlichen Unterlegenheit sollten Kinder nicht allein mit einem Briard spazierengehen – sie sind auch geistig noch nicht dazu in der Lage. Ein Gang mit einem Briard erfordert die Konzentration und das vorausschauende Handeln seiner Besitzer: Kommen fremde Menschen entgegen, pöbelt in der Ferne ein Betrunkener, taucht am Horizont der Lieblingsfeind auf etc.? In solchen Situationen sollte ein Briard bei Fuß gerufen und – falls er irgendwelche unerwünschten Anstalten macht, in die Unterordnung genommen werden. Ist ein Briard erst einmal durchgestartet, ist er in der Regel nicht mehr zu stoppen.

Deshalb ist der Briard nicht der optimale Hund für eine Familie mit (kleinen) Kindern: Ein Briard fordert von seinen Besitzern sehr viel: Zeit, aktive Beschäftigung, Konzentration, und er kann zwischenzeitlich arg am Nervenkostüm zerren. Jede Familie sollte sich daher vor der Anschaffung eines Briards genau überlegen, ob sie neben ihrer verantwortlichen Kindererziehung genügend Zeit und Nerven für einen Hund aufbringen kann, der in seinen ersten drei Lebensjahren der Familie einiges abverlangt und bei dem man auch danach die Erziehungsbemühungen nicht aufgeben kann. Ein gemeinsamer Gang in öffentlichen Grünanlagen mit einem Kind auf dem Dreirad, dem anderen im Kinderwagen und dem pubertierenden Rüden an der Leine erfordert so einiges an Nervenstärke, Körperbeherrschung und Frustrationstoleranz. Des weiteren braucht der Briard Zeit, die ausschließlich ihm gewidmet werden kann, und zwar tagtäglich.

Briard und Kind können ein schönes Team abgeben, in dem beide Seiten von der Freundschaft profitieren, und in vielen Familien leben sie unbeschwert zusammen. Eltern sollten jedoch bedenken, daß es einige Rassen gibt, die anspruchsloser und kinderverträglicher sind als der Briard. Wer aber vom Charakter und Aussehen des Briards so sehr fasziniert ist, daß für ihn kein anderer Hund mehr in Frage kommt, sollte sich ehrlich prüfen, ob er sich zutraut, Kind und Hund unter einen Hut zu bekommen. Die Aufnahme eines Briards in die Familie kann der Beginn einer wunderbaren Freundschaft zwischen Kind und Hund sein – aber für diese Freundschaft muß man einiges tun.

Der Briard – ein Zweithund?

In jüngster Zeit ist eine zunehmende Tendenz zu beobachten, einen Briardwelpen zu einem bereits im Haushalt befindlichen Hund dazuzukaufen. Doch der Briard ist nicht der ideale Zweithund. Welche Eigenschaften sollte ein solcher möglichst haben? Er sollte sich durch eine große Verträglichkeit mit anderen Hunden, ein geringes Dominanz-

streben über andere Hunde, ein ausgeglichenes Temperament auszeichnen, und er sollte relativ anspruchslos sein. Die bisherigen Ausführungen haben aber bereits deutlich gemacht, daß der Briard ein anspruchsvoller Hund ist, der seinen Besitzer fordert, so daß sich schnell die Frage stellt, ob der Besitzer noch beiden Hunden gerecht werden kann. Ein Briard allein ist schon eine „Lebensaufgabe", bei zwei Hunden besteht zumindest die Gefahr, den älteren zu vernachlässigen und/oder dem Briard nicht das bieten zu können, was er braucht. So geht es z. B. nicht an, grundsätzlich mit beiden Hunden gemeinsam spazierenzugehen. Der Welpe und Junghund muß sich allein in der Welt behaupten und eigene Erfahrungen sammeln, anstatt sich nur an seinem großen „Bruder"/seiner

Hier gibt es noch keine Probleme zwischen jung und alt

43

großen „Schwester" zu orientieren. Jeder Hund hat ein Recht auf zeitweise ungeteilte Aufmerksamkeit – beim Briard wird dieses Recht geradezu zu einer Notwendigkeit.

Man muß sich der Möglichkeit bewußt sein, daß der Haushaltsneuling dem alteingesessenen Hund das Ruder aus der Hand nimmt. Wer das seinem bisherigen Hund nicht zumuten will, sollte vom Kauf eines Briards Abstand nehmen. Gute Chancen auf ein für alle Mitglieder glückliches Zusammenleben bestehen dann, wenn es sich beim Althund um ein sehr dominantes Tier handelt, das bereits dem Welpen unmißverständlich dessen untergeordnete Stellung klarmacht und ihm keine Chance gibt, sich hochzuarbeiten, oder wenn es sich um einen unterwürfigen, wenig selbstbewußten, aber freundlichen Hund handelt, der den aufkommenden Neigungen seines Briardkumpels, die Chefrolle zu übernehmen, sofort mit Unterwerfung und Abtretung aller Rechte begegnet. Bei allen Stufen dazwischen kann es zu Reibereien kommen, die in ernsthafte Beißereien ausarten können. Das Halten gegengeschlechtlicher Hunde vermindert das Problem der familieninternen Kämpfe erheblich, doch man schafft sich dafür ein anderes: Wenn ein Briardrüde mit einer Hündin unterwegs ist, fühlt er sich erst recht den anderen Rüden, die nur solo sind, überlegen. Er hat zudem seine Hündin zu verteidigen und läßt es daher schon eher auf einen kleinen Kampf ankommen.

Zwei Hunde – egal welcher Rasse – bilden automatisch ein Rudel. Hunde im Rudel verhalten sich anders als Einzelhunde. Gerade was Hundebegegnungen betrifft, sind Hunde, die im Rudel auftreten können, häufig aggressiver.

Ein Briard allein beansprucht schon die Körperkraft seines Besitzers zu genüge. In einer brenzligen Situation nicht nur ihn, sondern auch noch einen zweiten Hund halten zu müssen, wird möglicherweise zu einer kaum lösbaren Aufgabe.

Viele Besitzer erhoffen sich von der Zweithundehaltung einen positiven Effekt: der Briardwelpe könne schon viel von seinem erwachsenen Kamerad lernen. Das ist zweifelsohne richtig – es fragt sich nur, was er lernt. Briards sind so gewitzt, daß sie sich die Unarten des anderen Hundes aneignen, wenn diese ihnen irgendwelche Vorteile verschaffen, und sie registrieren unfehlbar auch jegliche Schwächen, die der Besitzer gegenüber dem anderen Hund an den Tag legt.

All dies zusammengenommen läßt den Briard nicht gerade als den idealen Zweithund erscheinen.

Die Erziehung des Briards

Hier soll es nur darum gehen, einige wichtige Grundsätze aufzuzeigen.

Die Welt muß man im jungen Alter kennenlernen

Die Welt konfrontiert den Welpen mit sehr vielen Merkwürdigkeiten. Wenn der Briard uns in jeder Lebenslage begleiten können soll (was er ja liebend gerne möchte, um nicht von uns getrennt zu werden), muß er früh genug mit allem vertraut gemacht werden, was auf ihn zukommen könnte. Ein Briard, der immer per Auto reist, sollte dennoch auch einmal in die Straßenbahn oder gar auf einen Bahnhof mitgenommen werden – man weiß nie, ob man nicht doch einmal auf diese Verkehrsmittel angewiesen sein wird. Ein Briard, der auf dem Land lebt, muß zu Ausflügen in die Stadt mitgenommen werden, um sich an die vielfältigen optischen und akustischen Reize, die dort auf ihn einströmen, gewöhnen zu können. Umgekehrt sollte ein Stadthund mit aufs Land genommen werden, damit er z. B. als ausgewachsener Hund nicht beim Anblick von Kühen oder Mähdreschern in Panik gerät.

Gleiches gilt für die Gewöhnung an Menschenmengen oder Lokalbesuche.

Briards sind im allgemeinen sehr nervenstarke, ausgeglichene Hunde. Es bereitet überhaupt keine Probleme, sie an den vielfachen Umweltstreß im jungen Alter zu gewöhnen. Natürlich heißt es auch hier, behutsam mit ihnen umzugehen und sich immer weiter vorzutasten. Wenn man sich die Mühe macht, seinen kleinen Welpen genau zu beobachten, merkt man sehr schnell, wann er sich überfordert fühlt. Verpaßt man die notwendige Gewöhnung im jungen Alter, kann es passieren, daß der ausgewachsene Hund partout nicht mehr weitergehen will, wenn es auf belebte Straßen zugeht, oder ausreißt, wenn der Wind eine klappernde Dose auf ihn zurollt.

Hat der Briardwelpe vor irgend etwas Angst, darf er auf keinen Fall in Schutz genommen, gar auf den Arm gehoben und getröstet werden. Er lernt so nur, daß er offensichtlich guten Grund hat, sich in dieser Situation zu fürchten. So zieht man sich unbewußt einen Hund heran, der beispielsweise an keinem Mülleimer mehr vorbeigehen wird. Man muß sich einfach ganz neutral ver-

Der Welpe darf nicht
von seiner Umwelt
abgeschottet werden

halten, als würde man selbst überhaupt keine Bedrohung wahrnehmen, und seinen Weg ruhig fortset-
zen. Die Angst, von seinem Menschen verlassen zu werden, ist meist
größer als die Angst vor allem Un-
bekannten. So folgt der Welpe seinem Menschen und macht ganz ne-
benbei die Erfahrung, daß ein Mülleimer vielleicht groß und schwarz
ist, nur einmal in der Woche da

steht, aber daß er ihm nichts tut und
man ruhig daran vorbeigehen kann.
Man muß dem Kleinen auch einfach Zeit lassen. Steht z. B. an einem
vertrauten Spazierweg plötzlich etwas Neues, wird der Briard zuerst
irritiert, eventuell auch beunruhigt
sein. Man wartet ab, ob seine Neu-
gier nicht doch siegt und er sich vorsichtig anschleicht, um das unheim-
liche Ding zu begutachten. Unter-

nimmt er nichts, kann man auch ganz ruhig daraufzu schlendern und es „untersuchen" – spätestens dann wird er mittun und merken, daß keine Gefahr droht. Ein Briard, der eine enge Bindung zu seinem Besitzer hat, setzt in diesen normalerweise ein unbedingtes Vertrauen und folgt ihm bei allem, was er tut.

Auch an Menschen muß man sich gewöhnen. Der Briard ist von Natur aus eher der zurückhaltende Typ, der von sich aus nicht auf andere Menschen zugeht und sich ein Anfassen entweder gar nicht, oder nur ungern gefallen läßt. Man sollte ihn keinesfalls zwingen und es auch nicht tolerieren, wenn bei Spaziergängen sich alle Leute mit Begeisterung auf den süßen kleinen Teddybären stürzen. Er mag das meist nicht, und das sollte akzeptiert werden. Man kann nette, hundefreundliche Leute zu sich einladen, mit denen er von Anfang an gute Erfahrungen machen kann. Merkt man, daß es ihm zuviel wird, sollte man ihm Ruhe verschaffen. Erwidert er freundlich die Kontaktangebote von anderen Menschen, läßt man ihn gewähren. Geht er jedoch auf andere Menschen knurrend oder gar fletschend zu, muß dies bereits dem Briardwelpen energisch verboten werden.

Die Gewöhnung an andere Hunde ist schließlich ebenso zentral wie jene an fremde Menschen. Welpen müssen um die achte Woche herum in ihr neues Heim vermittelt werden, um problemlos auf den Menschen geprägt zu werden und die Einordnung in das Menschenrudel zu erlernen. Jedoch wird damit ein wichtiger Lernprozeß unterbrochen: die innerartliche Kommunikation, d. h, wie benimmt man sich von Hund zu Hund. In der Interaktion mit den gleichaltrigen Geschwistern wie mit den Alttieren eines Rudels lernen die Welpen in den entscheidenden ersten 16–20 Lebenswochen, wie man sich unterwirft, wie man dominiert, wie man eine Situation deeskaliert, woran man einen dominanten Hund erkennt, wann man besser den Rückzug antritt etc. Erhalten Welpen diese Lernmöglichkeiten in diesen wichtigen Wochen nicht, weil man ihnen keine oder nur sporadische Hundekontakte bietet, ist die Gefahr groß, daß sie ihr Leben lang ein gestörtes Verhältnis zu ihren Artgenossen haben. Bestenfalls können sie lediglich nie das Spiel mit anderen Hunden genießen, schlimmstenfalls entwickeln sie sich zum Raufer oder Angstbeißer.

Welpenspieltage bieten die Chance des gemeinsamen Spiels mit anderen Welpen der verschiedensten Rassen und Mischungen. Spielerisch, ohne jeden Ernstcharakter können hundliche Verhaltensweisen erprobt werden.

Welpen brauchen
das Spiel mit
Gleichaltrigen

Neben dieser mindestens notwen-
digen wöchentlichen Teilnahme sollte man auf seinen Spaziergängen bewußt die Nähe zu anderen, erwachsenen Hunden suchen – es sei denn,
einer ist als grundloser Beißer bekannt. Fängt der Kleine sich einmal
eine Packung, weil er zu vorwitzig
war oder schlicht und einfach die
Signale des anderen nicht richtig verstanden hat, darf er nicht mit Trost
und Zuwendung überschüttet werden. Er muß dies lernen – und je
eher er es lernt, desto besser, weil
er nur kurze Zeit Welpenschutz genießt. Ist er jedoch ausgewachsen
und hat die Regeln noch immer
nicht begriffen, kann er in eine üble
Beißerei geraten. Man sollte ihn

auch nicht bereits ängstlich zurück-
rufen, wenn ein Hund entgegen-
kommt, sondern einfach ruhig dar-
aufzuschlendern. Die eigene Angst
vor einer Hundebegegnung überträgt sich auf den Hund und verun-
sichert ihn.

Hunde, die normal, d. h. im be-
schriebenen Sinne sozialisiert sind,
machen die Dinge meist problemlos
untereinander aus – sofern die Menschen sich heraushalten. Begegnet
man anderen freilaufenden Hunden,
ist es grundverkehrt, den eigenen an
die Leine zu nehmen. Hunde, die an
der Leine sind, fühlen sich nämlich
automatisch stärker. Begegnen sich
zwei an der Leine, so sind wenig-
stens die Ausgangspositionen gleich,

hat einer aber nicht per Leine die sichere Bindung zu seinem Besitzer, ergibt sich eine ungleiche Konstellation. Ebenso verkehrt ist es, den Hund auf den Arm zu nehmen (was beim Briard sowieso sehr bald nicht mehr möglich ist). Je nach Charakter des Hundes wird dieser entweder in seiner Angst verstärkt, oder aber er wird erst recht frech, weil er seine Feinde von oben herunter ankläffen kann, ohne daß die ihn maßregeln können. Als grundsätzliche Regel für Hundebegegnungen gilt: einfach ohne Regung weitergehen und zusehen, was passiert.

Der Welpe wird anfangs zwischen den Beinen des Besitzers Schutz suchen. Die ersten paar Tage kann man ihn gewähren lassen, dann aber nicht mehr. Auch sollte man nicht eingreifen, wenn er mal gezwickt wird und gar jämmerlich schreit. Meist ist dies alles nur Theater, denn Welpen lernen früh, daß diese Schreie ihre Mama anziehen, bzw. ihre Mama oder die Geschwister davon abhalten, sie zu stark zu puffen. Ergreift der Kleine in Panik die Flucht, läuft man nicht hinterher, denn sonst würde er nur lernen, daß er immer weglaufen kann, wenn andere Hunde kommen und daß der Besitzer ihm stets folgt. Nach dem ersten Schreck wird der Kleine es nämlich eilig haben, so schnell wie möglich in den Schutz seines Menschen zurückzukehren.

Gerade wenn der Welpe noch so hilflos klein aussieht und man ihn noch nicht lange hat, ist die Versuchung sehr groß, ihn vor den großen Hunden zu beschützen. Aber man tut ihm keinen Gefallen damit. Man kann darauf vertrauen, daß Welpen noch Welpenschutz genießen.

Gehen die Welpen zu weit, kann es zwar passieren, daß sie böse angegrummelt und vielleicht auch mal gezwickt werden, aber kein normaler Hund würde einen Welpen je ernsthaft verletzen. Es ist immer noch besser, mit 10 Wochen einmal einen Schreck zu bekommen und in die Pobacken gezwickt zu werden, denn als älterer Hund übel in die Mangel genommen zu werden, weil man die Drohungen des anderen Hundes nicht verstanden und selbst keine eindeutigen Beschwichtigungsgesten gezeigt hat.

Kommt es zu einer Rauferei, darf man auf keinen Fall dazwischengreifen oder ständig den Namen des eigenen Hundes rufen. Er empfindet das als Bestärkung. Vielmehr müssen *alle* beteiligten Hundebesitzer schnell wortlos weggehen. Macht man dies im Frühstadium des Kampfes, fühlen sich die Hunde von ihrem Rudelboß im Stich gelassen – der Boß will diesen Kampf nicht, also höre ich besser auf damit. Auch sollte bedacht werden, daß es meist viel schlimmer aussieht, als es ist; blutende Bißverletzungen kommen selten vor. Werden die Besitzer in ihrer Panik hysterisch, machen sie die Situation nur schlimmer. Haben sich die Hunde getrennt, werden sie angeleint und in die entgegengesetzte Richtung davongeführt, damit sie sich erst mal „abkühlen" können. Geschieht es dennoch, daß sich zwei Hunde so ineinander verbeißen, daß sie um sich herum nichts mehr wahrnehmen, sich in ihren Kampf immer mehr hineinsteigern und es nach einer ernsthaften Verletzungsgefahr aussieht, kann man versuchen, die Kämpfenden zu trennen.

Beide Besitzer versuchen, zur gleichen Zeit ihre Hunde an den Hinterläufen hochzuheben. Meist lassen die Hunde aus Überraschung für einen kurzen Moment los. Diesen muß man nutzen, um sich den eigenen Hund zu packen und fortzuführen.

Nun neigen viele Briards dazu, anderen Hunden ihre Überlegenheit demonstrieren zu wollen. Bleibt das beim Rutenaufstellen, Fellsträuben und leichten Grummeln und benimmt er sich nicht jedem Hund gegenüber so, ist es nicht nötig, einzu-

Jungrüden sind ein Kapitel für sich

wirken. Der Briard wünscht nicht zu jedem Hund Kontakt, und das haben diese zu respektieren. Macht er sich jedoch einen Sport daraus, sich mit Gebrüll auf andere Hunde zu stürzen, diese zu verjagen oder hinunterzudrücken, ist dem energisch entgegenzuwirken. Man muß den Briard sofort überzeugend maßregeln. Oft hilft es auch, sich zu Übungszwecken mit einem anderen Hundehalter, der einen sehr dominanten, älteren Hund hat, abzusprechen und die Provokation zu suchen. Erfährt der Briard auf diese Weise recht früh, daß er durchaus nicht immer der Sieger bleibt, verlieren viele ihre gar zu große Lust auf kleine Raufereien. Rüden haben im allgemeinen einen stärkeren Hang zum Raufen, doch ist nach einem Kampf normalerweise klargestellt, wer der Chef ist, und das wird dann in der Zukunft so respektiert. Es ist völlig normal, daß Rüden, die sich ein Spazierrevier teilen müssen, untereinander diese Rangordnung ausfechten. Wird der Rüde geschlechtsreif, so muß er seinen Platz finden. Wird er grundsätzlich davon abgehalten, sich mit anderen Rüden zu messen, wird man nur Ärger ohne Ende haben, weil er weiterhin seinen Platz suchen muß.

Aber auch Hündinnen können sehr dominant auftreten. Während das in der Begegnung mit anderen Rüden selten Probleme bereitet, wird es aber schwierig, wenn eine solche Briardhündin auf eine andere, gleichgesinnte Hündin trifft. Hündinnen bleiben Feindinnen bis an ihr Lebensende. Wenn es zur Beißerei kommt, lassen sie im Unterschied zu Rüden nicht so schnell voneinander ab und verletzen sich stärker. In solchen Fällen kann man zukünftig nur Begegnungen mit der betreffenden Hündin vermeiden, bzw. es müssen beide Besitzer ihre Hündinnen anleinen und mit einem energischen „Nein" aneinander vorbeiführen.

Bindung ist zentral

Hunde sind als hochsoziale Rudeltiere darauf eingestellt, eine enge Bindung zu einem menschlichen Gefährten einzugehen. Sie gehen diese Bindung aber nicht unbedingt, wie man vielleicht vermuten könnte, am liebsten zu dem Familienmitglied ein, das sie füttert und die meiste Zeit mit ihnen verbringt. Hunde binden sich häufig stärker an jene Person, die sich gezielt mit ihnen beschäftigt und die ihnen klare, verläßliche Regeln vorgibt, an die sie sich zu halten haben. Klare Regeln bedeuten für den Hund Sicherheit. Er weiß, daß ihm in der Gemeinschaft mit seinem menschlichen Partner nichts passieren wird. Das für den Hund kalkulierbare Verhalten des Menschen schafft Vertrauen. Dieses

Vertrauen ist die Basis dafür, daß der Hund Ängste vor seiner Umwelt verliert und voller Selbstvertrauen die an ihn gestellten Anforderungen meistert.

Der Aufbau einer Bindung zum Briard sollte am Anfang aller Erziehungsbemühungen stehen. Bindung meint, daß nicht nur der Mensch seinen Hund liebt, sondern daß er für den Briard der allergrößte und allerbeste Freund und Partner ist. Hat man es geschafft, ihn an sich zu binden, ist die beste Grundlage für die anschließende Erziehung geschaffen. Der Besitzer kann sich

rasch in den Mittelpunkt der Aufmerksamkeit des Hundes setzen und diesen zu gemeinsamem Tun motivieren. Die Erziehung kann dann hauptsächlich über Loben erfolgen, Strafen sind seltener einzusetzen. Der Aufbau einer Bindung bedingt gegenseitiges Verständnis. Natürlich kann ein Hund die menschlichen Worte nicht den Buchstaben gemäß verstehen, aber er kann ihren Sinn entdecken. Über Mimik und Gestik, Lautstärke und Tonlage der Stimme können Menschen sich gegenüber Hunden verständlich machen. Wer seinen Briard genau beobachtet, lernt

Ein Kind eignet sich nicht als Rudelführer

schnell, dessen verschiedene Körper- und Rutenhaltungen, den Ausdruck des Gesichts, die Bedeutung des Ohrenspiels, den Ausdruck der Augen zu deuten.

Zur Verständigung gehört auch, sich im Umgang mit dem Hund unter Kontrolle zu halten, z. B. nicht die eigene schlechte Laune am Hund auszulassen. Der Hund muß das menschliche Verhalten ihm gegenüber verstehen. Strafe, wenn er gar nichts angestellt hat, oder das Durchgehenlassen von Untaten, die sonst bestraft werden, stürzen ihn in Konfusion. Der Besitzer riskiert, das Vertrauen seines Briards zu verlieren.

Der Briard bringt von sich aus alles mit, sich an seinen Besitzer als seinen Rudelführer zu binden – und nicht nur unterzuordnen. Am Menschen liegt es, ob die gewünschte Bindung aufgebaut wird. Dazu braucht es viel Liebe, Beobachten und Einfühlen in den Hund und vor allem: gemeinsames Tun. Den ausgewachsenen Briard kann man nicht mehr auf den Schoß nehmen, aber man kann herrlich aneinander lehnen, er leiht seinen Rücken als Kopfstütze, der Mensch ihm umgekehrt sein Bein. Enger Körperkontakt (der aber nicht aufgezwungen werden sollte) ist wichtig. Für den Briard gibt es nichts Schöneres, als gemeinsam mit „seinem" Menschen Dinge zu erleben.

Gemeinsames Spazierengehen ist zwar schon gut, noch besser ist aber, wenn man nicht nur nebeneinanderher geht, sondern beim Spazierengehen Bälle oder Stöcke wirft, durch einen Bach watet, auf Baumstümpfe klettert, sich durch Röhren hindurchschlängelt, Verstecken spielt. Der Welpe lernt so seine Umwelt kennen und besteht mit seinem Menschen gemeinsam viele Abenteuer. Aber auch der erwachsene Briard braucht diese Form der gemeinsamen Beschäftigung. Statt auf schnurgeraden, sauber gepflasterten Wegen zu gehen, lieben diese Hunde es, sich auf Trampelpfaden durch das Gebüsch zu schlagen, sich in unwegsamen Gelände einen Durchgang zu erobern. Gemeinsames Tun meint natürlich auch das Spielen zu Hause – man zerrt an zusammengeknoteten alten Socken, versteckt Lieblingsspielzeuge, und der Hund muß sie suchen, etc.

Antiautoritäre Erziehung ist der falsche Weg

Der Hund ist als Rudeltier nicht nur daran gewöhnt, sich in einer Hierarchie einzuordnen, in der klare Positionen, Regeln und Verantwortlichkeiten herrschen, sondern er braucht diese auch. Briards, die keine klare Einordnung erfahren, fühlen sich alles andere als wohl – ihnen fehlt die Sicherheit, ihre Geschicke vertrauensvoll ganz in die Hände des menschlichen Rudelbosses legen zu können. Der Briard hat ein äußerst sensibles Autoritätsverständnis, er will unbedingt eine klare Ordnung. Wird ihm diese nicht geboten, scheut er sich nicht, das Ruder zu übernehmen. Ein Briard, dem nicht von Welpenbeinen an seine untergeordnete Position klargemacht wird, wird seinen Besitzern spätestens im Alter von anderthalb Jahren die Quittung erteilen und sich aggressiv jegliche „Bevormundung" durch seine Besitzer verbitten. Die Endstation einer solchen „Briardkarriere" ist dann womöglich die Abgabe oder gar die Einschläferung des Hundes.

Innerhalb der Familie steht der Hund in der Rangordnung unter allen erwachsenen Familienmitgliedern. Der Mensch muß sich vom ersten Tag an als Rudelführer verhalten, und dies verlangt, daß er Autorität ausübt. Antiautoritäre Erziehung hat nichts mit besonderer Liebe zu tun, sondern sie ist wider die Natur des Hundes. Autorität zu beweisen heißt jedoch nicht, Gewalt auszuüben, sondern sich in allen Bereichen, also auch geistig, stets als der Überlegene zu verhalten. Autorität gewinnt man durch einen kontrollierten Umgang mit dem Hund, durch das Setzen von Regeln und dem konsequenten Bestehen auf deren Einhaltung, durch die Vermitt-

lung von Ruhe und Überlegenheit in jeder Lebenssituation. Wichtig ist auch ein vorausschauendes Denken, durch welches die Zeichen des Hundes so schnell entschlüsselt werden, daß man ihm immer einen Schritt voraus ist. Der Hund erlebt den Besitzer so als einen Allwissenden, der nicht auszutricksen ist.

Darüber hinaus gibt es noch subtile Feinheiten im alltäglichen Umgang, die gerade dem Briard seine unterste Rudelposition deutlich machen:

– Zuerst ißt der Mensch – dann der Briard! Kommt man z. B. vom Spaziergang nach Hause und setzt sich zu Tisch, wird der Hund hinterher gefüttert.

– Bereits dem Welpen wird immer mal wieder die Futterschüssel weggenommen, wenn er frißt. Toleriert er das, wird er gelobt und bekommt sein Futter wieder. Knurrt er oder schnappt er gar, wird er energisch im Nackenfell gepackt und mit einem scharfen „Nein" durchgeschüttelt. Hat er sich beruhigt, bekommt er das Futter wieder. Knurrt er wieder, geht das ganze von vorne los, solange, bis er sich das Futter anstandslos wegnehmen läßt. Das sollte natürlich nicht bei jeder Fütterung ausprobiert werden, sonst wird der Kleine neurotisch.

– Der Mensch bestimmt Anfang und Ende jeglicher Kommunikation, sei es nun das gemeinsame Spiel, das Schmusen, eine „Unterhaltung", eine Erziehungsübung.

- Wenn man beim Spielen z. B. an einem Fetzen herumreißt, darf der Welpe auch mal gewinnen, also mit dem Fetzen von dannen traben. Am Schluß sollte jedoch der Mensch derjenige sein, der das Zerrspiel gewinnt.
- Bereits der Welpe muß daran gewöhnt werden, daß er die Fellpflege über sich ergehen lassen muß. Sanft, aber bestimmt wird er in alle Positionen gedreht, u. a. auch auf den Rücken – die äußerste Demutshaltung, die ein Hund annehmen kann, denn er präsentiert dem Gegner so seine Kehle.
- Der Mensch geht stets als erster zur Tür hinaus und wieder hinein.
- Der Mensch geht auf Treppen und bei schmalen Durchgängen, Trampelpfaden etc. stets voran.
- Der Besitzer setzt sich ganz selbstverständlich auch einmal ins Hundekörbchen.
- Wenn der Welpe sich einen Lieblingsplatz auserkoren hat und er diesen auch ruhig belegen darf, so sollte doch ab und an darauf bestanden werden, daß er den Platz zu räumen hat.
- Liegt er im Weg, besteht man darauf, daß er aufsteht und läßt sich nicht darauf ein, kompliziert um ihn herum zu kurven.

- Auch wenn es schwerfällt: Man sollte keine allzu überschwengliche Begrüßungszeremonie einleiten, wenn man nach Hause zum Hund kommt. Im Rudel ist es üblich, daß die Rangniedrigsten ihrem Boß bei dessen Rückkehr die Ehre erweisen, was dieser mit ruhiger Duldung hoheitsvoll entgegennimmt. Wer seinem Hund zeigt, daß er sich selber freut wie ein Schneekönig, riskiert, in der Achtung des Hundes zu sinken.

All dieses verlangt einen bewußten Umgang mit dem Briard im Alltag, man kann ihn nicht einfach so nebenherlaufen lassen. Erziehungskurse in Hundevereinen sind ein wichtiger Schritt, doch damit allein ist beim Briard die eigene Position als Rudelboß meist nicht zu festigen. Dieses Ziel wird vielmehr auch durch den tagtäglichen konsequenten Umgang mit dem Hund erreicht.

Konsequenz ist nötig

Man wird beim Briard weder gewünschtes Verhalten erzielen noch unerwünschtes Verhalten reduzieren, wenn man ihm nicht mit allerletzter Konsequenz begegnet. Das bedeutet: Ein einmal ausgesprochenes Verbot muß beibehalten werden. Es geht nicht an, daß ein Familienmitglied ihm etwas erlaubt, was er beim anderen nicht darf. Besonders den jun-

Konsequente Erziehung
ist unabdingbar

gen Hund stürzt das in Verwirrung, weil er keine klaren Regeln für das Leben in seiner neuen Familie bekommt.

Konsequenz meint aber ebenso, auf der Ausführung eines einmal ausgesprochenen Befehls zu bestehen. Ein Beispiel: Beim Spazierengehen will man mit ihm die „Bleib-

übung" üben. Man legt den Hund ins Platz und nimmt sich vor, zehn Schritte zu gehen, bevor man zu ihm zurückkehrt. Der Hund spielt jedoch nicht mit und steht auf, als man gerade fünf Schritte gegangen ist. Man muß dann mit dem Hund zu genau der Stelle zurückgehen, an der er abgelegt worden ist. Nur nimmt man sich jetzt vor, nicht ganz so weit zu gehen. Steht er wieder frühzeitig auf, muß von vorne begonnen werden. Die Übung darf erst dann abgeschlossen werden, wenn der Hund bis zur Rückkehr seines Besitzers liegengeblieben ist. Gibt man nach mehrmaligen Versuchen auf, weil man keine Lust mehr hat, ständig zurückzugehen, war alles nicht nur umsonst, sondern der Hund hat zudem eine falsche Lernerfahrung gemacht, die das Leben mit ihm erschweren wird: Aufstehen bewirkt den Abbruch dieser lästigen Übung.

Aus diesem Grund ist es besser, immer dann auf Befehle zu verzichten, wenn einzuschätzen ist, daß der Hund sie in dem Moment sowieso nicht ausführen wird. Versucht man beispielsweise einen Hund, der das „Komm" noch nicht beherrscht, ausgerechnet aus einem tollen Spiel mit einem anderen Hund abzurufen, so ist vorhersehbar, daß der Hund nicht folgen wird. Der Hund gewöhnt sich nur daran, daß sein Besitzer wild gestikulierend hinter ihm herruft, ohne daß das irgendeine Konsequenz für ihn hätte.

Lob geht vor Strafe

Sich dem Briard gegenüber konsequent als Autoritätsperson zu verhalten, heißt also nicht, ihn vornehmlich durch Strafen zum gewünschten Verhalten zu bringen. Man kann einen Briard im wesentlichen durch Loben erziehen, wenn man dem Aufbau einer Bindung zu ihm seine ganze Energie widmet. Natürlich funktioniert Strafen sehr gut, doch wer will schon einen Briard, der Befehle zwar ausführt, dem darüber aber seine Persönlichkeit abhanden kommt und der nur noch als Schatten seiner selbst geduckt neben dem Besitzer in Erwartung der nächsten Strafe herläuft?

Die moderne Hundeerziehung setzt nicht mehr auf das Prinzip der Abschreckung durch Bestrafung, sondern auf das Prinzip der Motivation durch Belohnung. Dies funktioniert denkbar einfach. Man belohnt den Hund für das Zeigen erwünschten und das Unterlassen unerwünschten Verhaltens. In einem Prozeß der ständigen Wiederholung lernt der Hund, was erlaubt und was verboten ist. Er lernt, daß es für ihn sehr angenehme Konsequenzen hat, das zu tun, was erwünscht ist.

Als Belohnung gilt alles, was es wahrscheinlicher macht, daß der Hund in der gleichen Situation das gleiche Verhalten, das er ausführte, bevor die Belohnung erfolgte, noch einmal zeigen wird. Wichtig ist, daß die Belohnung unmittelbar dann erfolgt, wenn das gewünschte Verhalten gezeigt wird, damit der Hund eine Verknüpfung zwischen seinem Verhalten und der Belohnung herstellen kann. Dies gilt auch, wenn der Hund das gewünschte Verhalten zeigt, ohne einen entsprechenden Befehl erhalten zu haben. Ein Beispiel: Der Hund setzt sich am Rande der Straße, die man überqueren will, mehr oder weniger zufällig hin. Dafür wird er gelobt („fein Sitz gemacht") und erhält ein Leckerchen.

Insbesondere zu Beginn einer Übung muß die Belohnung jedesmal erfolgen. Hat der Briard begriffen, was man von ihm will, belohnt man ihn in unregelmäßigen Abständen. Ganz wegfallen darf die Belohnung jedoch nie. Man muß sich vor Augen halten, daß der Hund nicht aus irgendeinem Pflichtgefühl heraus, sondern aus seinen Interessen heraus gehorcht.

Vorsicht vor Belohnungen zur falschen Zeit. Ein Beispiel: Der Briard erschreckt sich beim Nahen

Der Welpe mit seinem Lieblingsspielzeug

eines Lasters und läuft aufgeregt und zitternd zu seinem Besitzer. Der will ihn trösten, nimmt den Welpen vielleicht auf den Arm, streichelt und beruhigt ihn, gibt ihm also seine Zuwendung. Der Hund wird mit Streicheln für sein Weglaufen belohnt. Ohne es zu merken, forciert man so durch sein eigenes Verhalten ein unerwünschtes Verhalten des Hundes.

Das Belohnen kann völlig verschiedenartig ausfallen. Zum einen durch die Stimme: hohes, freudiges Ansprechen kommt bei den meisten Hunden sehr gut an. Merkt er, daß der Besitzer sich ehrlich freut, und hat er außerdem gelernt, daß häufig, wenn so mit ihm gesprochen wird, nach einiger Zeit vielleicht auch noch ein Leckerchen herausspringt, ist dies für den Hund ein Ansporn, so weiterzumachen. Leckerchen, Geben des Lieblingsspielzeugs, Spielen mit dem Hund, Streicheln – all dies sind mögliche Belohnungsformen. Jeder Hund bevorzugt andere Formen der Belohnung. Der Hundebesitzer muß selbst herausfinden, was seinen Hund am besten motiviert.

Auch wenn man hauptsächlich mit Belohnung arbeitet, sind Strafen manchmal dennoch unumgänglich. Manche Dinge lassen sich über die Erfahrung von Strafe einfacher lernen, wie z. B. das Verbot, sich selbst am Tisch zu bedienen.

Für die Strafe gilt das gleiche wie für die Belohnung: sie muß in dem Moment erfolgen, in dem der Briard das unerwünschte Verhalten zeigt. Eine Strafe, die später erfolgt, nützt nichts, weil der Hund sie nicht in einen Zusammenhang mit seinem Verhalten stellen kann. Hat er also z. B. in Abwesenheit des Besitzers ein Paar Schuhe zerlegt, nützt es gar nichts, ihn dafür auszuschimpfen, wenn man nach Hause kommt. Er merkt dann nur, daß der Besitzer böse ist – obwohl er sich doch so darüber freut, endlich nicht mehr allein zu sein.

Auch darf man nicht nachtragend sein – der Hund versteht das nicht. Wenn man ihn bestraft hat, sollte man sich danach wieder normal wie immer verhalten – allerdings auf keinen Fall gleich mit ihm spielen oder ihn gar trösten. Wer sich so inkonsequent verhält, darf sich nicht wundern, wenn der Hund ihn bald nicht mehr ernst nimmt.

Einen Hund zu schlagen, zu verprügeln etc., ist keine geeignete Strafmaßnahme. Wenn gestraft werden muß, sind folgende Strafen angebracht: Kontaktverweigerung, Spielabbruch, böses, tiefes Sprechen mit dem Hund. Konkrete körperliche Bestrafungsmaßnahmen sind ein Über-den-Fang-Greifen und ein kurzer Leinenruck. Welpen kann man durch ein kurzes, aber kräftiges Schütteln im Nackenfell beein-

drucken. Ältere Hunde greift man besser in der sitzenden Position rechts und links am Hals, wo man viel Fell und Haut zu fassen bekommt und schüttelt sie kräftig auf und nieder, wobei die Vorderbeine keinen Bodenkontakt mehr haben dürfen. Man hält dabei stetigen Blickkontakt und spricht sehr streng mit dem Hund. Die Extremform der Bestrafung besteht darin, den Hund schnell seitlich runterzudrücken und ihn mit einem schnellen, entschlossenen Schwung auf den Rücken zu rollen. Dies darf nicht zögernd und vorsichtig geschehen, sondern blitzschnell, um ihn total zu überraschen. Man hält den Hund einige Zeit kniend und mit beiden Händen am Hals am Boden, während man ihm in die Augen schaut. Wenn er versucht, sich zu entziehen, wird ihm ein Knie auf die Brust gelegt. Lockert man den Griff und reagiert er darauf mit Knurren oder Schnappen, wird er sofort wieder hinuntergedrückt und dort so lange gehalten, bis er jeglichen Widerstand aufgibt. Dies ist erst dann der Fall, wenn sein Körper völlig erschlafft, er weder knurrt noch schnappt und den Blick abwendet. Häufig liegt die Rute auch auf dem Bauch.

Man sollte sich jedoch bewußt sein, daß diese Form der Bestrafung einen massiven Eingriff in die Psyche des Hundes darstellt. Sie ist nur etwas für Hunde mit starkem Ego.

Aber selbst diese Hunde brauchen danach ca. eine halbe bis zwei Stunden, bis sie sich erholt haben. Man sollte ihn in dieser Zeit in Ruhe lassen, keinen Kontakt erzwingen und auch den Blickkontakt vermeiden. Kommt er irgendwann, spricht man freundlich mit ihm, er wird kurz gestreichelt, dann wird zur Tagesordnung übergegangen.

Wichtig ist, daß sich das Ausmaß der Strafe stets am Grad der Sensibilität eines Hundes zu orientieren hat.

Briards sind dafür bekannt, daß man bei ihnen mit einer Erziehung, die hauptsächlich über Strafen operiert, nicht weit kommt. Wer in der Pubertät des Hundes auf dessen Rockerverhalten allein mit Härte reagiert, erreicht lediglich eine Verunsicherung des Briards.

Entscheidet man sich aus guten Gründen für eine Bestrafung, so muß diese den Hund dann aber auch wirklich beeindrucken.

Spielen ist nicht nur etwas für (Hunde)kinder

Spielen ist keine Kinderei. Hunde haben nicht nur Spaß beim Spielen, sondern sie lernen dabei – genau wie Menschenkinder –, ihre Motorik und Intelligenz werden gefördert. Genauso wichtig ist das Spielen für die Verständigung unter Artgenossen, für die Bindung zwischen Mensch und Hund und für die Erziehung des Hundes.

Je mehr man sich mit seinem Briard spielerisch beschäftigt und ihm dabei Erfolgserlebnisse vermittelt, desto mehr wird er sich auf seinen Menschen als seinen besten Kumpel konzentrieren. Er will dessen Beachtung und Anerkennung und macht deswegen gerne die Dinge, von denen er weiß, daß man in großen Jubel ausbricht, ihn knuddelt, ihm ein Spielzeug oder Leckerchen gibt. Leider spielen Hundehalter entweder sehr wenig mit ihren Hunden, vor allem, wenn diese erst erwachsen sind, oder es werden recht stupide Spiele gespielt. Das Wegwerfen eines Balles oder eines Stöckchens ist wohl eines der beliebtesten Spiele – und dabei eines, das nicht unbedingt dazu angetan ist, die Bindung zwischen Hund und Besitzer zu stärken. Denn man spielt sozusagen von sich selbst weg, ist damit für den Hund nur im Moment des Werfens interessant. Doch richtig verstandenes Spielen sollte den Hund nicht nur geistig und körperlich fördern, sondern zugleich auch die Bindung zum Besitzer stärken. Das bedeutet am Beispiel des Bällewerfens, den Ball zunächst eng am Körper zu halten, zwischen den Beinen hindurch zu führen, ihn ganz zu verstecken, plötzlich wieder hervorzuholen, ihn sich auf die Schulter zu legen, um ihn dann irgendwann zu werfen. Auf diese Weise bleibt der Hund eng bei seinem Menschen, konzentriert sich auf diesen.

Spielen mit dem Hund erfordert Kreativität. Man sollte sich ruhig trauen, ähnlich wie beim Spielen mit Kindern auch beim Spielen mit dem Hund wieder zum Kind zu werden: sich in der Toberei herrlich gehen lassen.

Drei Arten des Spielens sind zu unterscheiden:

- Hunde spielen mit anderen Hunden und trainieren dabei u. a. die innerartliche Kommunikation.
- Hunde spielen mit Objekten, wie z. B. Bällen, Stöcken, Rupfentüchern, um ihre Instinkte abzureagieren, wie z. B. den Stöber-, Jagd-, Apportierinstinkt. Sie reagieren sich ab, lassen Dampf ab, leben Triebe aus, die sie sonst nicht befriedigen dürfen (z. B. Beute machen und totschütteln). Die Industrie bietet einiges an Hundespielzeugen an. Besonders beliebt sind neben Bällen (ein alter Tennisball tut es auch) Beißwürste und die „Quietschies" – mehr oder weniger weiche Gummitiere mit einem Quietschmechanismus (der meist nicht sehr lange heil bleibt). Bei diesen sollte man wie bei allem, was man seinem Hund gibt, darauf achten, daß er keine Teile abknabbern und verschlucken kann oder daß Teile splittern. Gerade vor Welpenzähnen ist nichts sicher, und sie können sehr hartnäckig in ihrem Zerstörungswerk sein. Man braucht auch kein teures Spielzeug zu kaufen. Mit Dingen aus dem Hausgebrauch kann man ihnen auch große Freude bereiten, z. B. mit alten Pappkartons, die sie auseinandernehmen dürfen, oder durch die sie hindurchkriechen können, zusammengeknoteten alten Socken, den Rollen von Toiletten- oder Küchenpapier.

- Hunde spielen mit Menschen, wollen diesen gefallen, sich an ihnen messen.

Das können zum einen Objektspiele sein. Spielt der Hund mit Objekten, kann man ihn allein spielen lassen und sich an der Beobachtung freuen oder aber eben mitspielen. Beim Mitspielen ist jedoch darauf zu achten, am Ende als der Sieger dazustehen.

Beim Spielen kann dem Welpen auch klargemacht werden, daß er dem Menschen mit seinen Zähnen wehtun kann. Zwickt er, so sollte man mit übertriebenen Schmerzenslauten und sofortigem Spielabbruch reagieren. Wenn er sanft auf den Händen herumlutscht oder leicht knabbert, kann man ihn gewähren lassen.

Neben diesen Spielen, bei denen man *um* ein Objekt spielt, gibt es jene Spiele, die nicht objektgebunden sind, bzw. bei denen man zusammen *mit* einem Objekt spielt: um die Wette rennen, verstecken, über Baumstämme klettern. Hier muß der Hund Erfolgserlebnisse haben, also z. B. als erster über die Ziellinie gelaufen sein, den Bach schneller durchwatet zu haben, den Menschen hinter einem Baum gefunden zu haben. Der Briard zeigt Leistung für seinen Menschen – und möchte dafür schön gelobt werden.

Im spielerischen Miteinandertun wird die Bindung entscheidend gestärkt. Wie fest sie ist, kann man an der Art erkennen, wie der Briard auf Spielaufforderungen seiner Besitzer eingeht. Reagiert er nur träge, läßt er sich leicht ablenken, beendet er von sich aus das Spiel, ist man noch nicht sein bester Kamerad.

Es kann auch sein, daß man einfach noch nicht den richtigen Dreh gefunden hat. Vielleicht spielt der Briard viel lieber etwas anderes als das, was man hauptsächlich mit ihm spielt.

Da heißt es ganz einfach ausprobieren. Manche Briards können stundenlang Stöckchen apportieren, andere möchten am liebsten mit ihren Besitzern raufen, wieder andere möchten mit ihnen unwegsames Gelände erkunden. Man sollte seinem Hund dabei entgegenkommen – aber

Auch wenn es für den Menschen anstrengend wird: Spiel muß sein

nie in der Weise, daß er glaubt, das Spiel zu diktieren. Und: Abwechslung ist angesagt.

Beim Spielen kann man nicht nur die Rangordnung zementieren, sondern dem Briard auch Befehle/Hörzeichen beibringen. Man rennt z. B. plötzlich mit ihm los, ruft bei jedem Haken, jedem Richtungswechsel freudig ein „Komm" und lobt den Hund, wenn er folgt. Meist tut er das, vor allem, wenn man ihn dadurch aus dem trägen Trott des Spazierengehens herausholt.

Wichtig ist, daß der Briard alle drei Spielarten ausüben kann und darf. Hunde, die nur mit anderen Hunden spielen, entwickeln häufig ein gestörtes Verhältnis zum Menschen. Hunde, die nur mit Menschen spielen, lernen nicht, wie sie sich ihren Artgenossen gegenüber verhalten sollen. Hunde, die sich nur mit „toten Spielzeugobjekten" beschäftigen, entwickeln häufig regelrecht neurotische Züge.

Das Spiel mit dem Briard eröffnet den Zugang zu seinem Herzen. Die so geschaffene Bindung zu ihm und die Freude am gemeinsamen Tun erleichtern die Erziehung ungemein.

Der Kauf eines Briards

Ist nach reiflichen Vorüberlegungen die Entscheidung für den Briard gefallen, stellt sich die Frage, wo man einen Briard kaufen sollte. Leider wird beim Kauf von Hunden – egal welcher Rasse – immer wieder ein zentraler Fehler begangen. Es wird keine Zeit aufgewendet, um in Ruhe einen seriösen Züchter zu finden. Allzuoft geschieht der Hundekauf nach folgendem Muster: Ein Blick in die Lokalzeitung. Unter der Rubrik „Tiermarkt" werden „Süße Briardwelpen aus Liebhaberzucht" angeboten. Man fährt hin, ist von den niedlichen kleinen Geschöpfen sofort begeistert und will eines gleich mitnehmen. Sind sie noch zu jung, kann man es kaum abwarten, sie in der achten Woche nach Hause holen zu dürfen. Kaum ein Käufer stellt dem Züchter dann lange Fragen nach Elterntieren, Aufzuchtbedingungen etc. Einige Käufer fragen nach Papieren, können aber die „Phantasiepapiere" nicht von ordnungsgemäßen unterscheiden. Sehen die Interessenten selbst, daß die Welpen es bei ihrem „Züchter" nicht gut haben, ist eine häufige Reaktion die, den Welpen aus Mitleid trotzdem zu kaufen.

Führt man sich vor Augen, wie lange und ausführlich Menschen beispielsweise den Kauf eines neuen Autos vorbereiten, Preisvergleiche einholen, technische Daten vergleichen, die Händler u. a. auch im Hinblick auf deren Kundendienst überprüfen, so ist es erstaunlich, wie sorglos und unüberlegt der Kauf eines Hundes vielfach vonstatten geht. Dies ist um so paradoxer, als der Hund ein Lebewesen und kein Sachgegenstand ist und den Menschen im allgemeinen länger begleitet als ein Auto.

Leider ist noch immer vielen Menschen nicht klar, welche entscheidende Rolle der Züchter für ein glückliches Zusammenleben von Mensch und Hund spielt. Er legt mit seiner Auswahl der Elterntiere, seiner Pflege der Mutterhündin, seiner Aufzucht der Welpen und seiner sorgfältigen Auswahl der passenden Welpenkäufer den entscheidenden Grundstein für das spätere Zusammenleben mit dem Hund. Wenn der Züchter versagt, z. B. wenn er bei der Auswahl der Elterntiere nicht auf deren physische und psychische Gesundheit geachtet oder die Welpen in den entscheidenden ersten Lebenswochen falsch behandelt hat, haben es Welpenerwerber häufig schwer, ihren Hund zu einem guten

Partner zu erziehen. Zum eigenen Wohl, zum Wohl des Welpen, aber auch zum Wohl aller künftigen Briardgenerationen sollte man ganz genau hinschauen, wem man einen Hund abkauft.

Es gibt eine ganze Reihe von Punkten, die bei der Auswahl eines Züchters zu beachten sind:

Kauf nur bei Züchtern im BCD oder CfH

Als erstes sollte geprüft werden, ob der Züchter einem dem Verband für das Deutsche Hundewesen (VDH) angeschlossenen Verein angehört. Der VDH ist der deutsche Dachverband der anerkannten Rassezuchtvereine.

Bei Rassezuchtvereinen, die dem VDH angeschlossen sind, kann davon ausgegangen werden, daß die eingesetzten Zuchttiere den vorgeschriebenen Bestimmungen in puncto Gesundheit, Wesen und Standard entsprechen, daß zumindest bei Anmeldung der Zucht eine Zuchtstättenabnahme durchgeführt worden ist und daß eine Wurfabnahme durch den Zuchtwart des betreffenden Rasseclubs vorgenommen wird.

In Deutschland betreuen unter dem Dach des VDH zwei Vereine den Briard: der Briard Club

Briardtreffen beim Züchter

Deutschland (BCD), der sich ausschließlich dem Briard widmet, und der Club für französische Hütehunde (CfH), der neben dem Briard auch noch die beiden französischen Rassen Beauceron und Picard betreut.

Beide Vereine stellen strenge Anforderungen an Gesundheit, Wesen und Standard der Elterntiere. Z. B. werden Hunde mit mittlerer oder schwerer Hüftgelenksdysplasie (HD) von der Zucht ausgeschlossen. Die meisten Züchter verzichten vorsorglich auch auf den Einsatz von Hunden mit leichter HD.

Besonders hervorzuheben ist, daß beide Vereine in der Zuchtzulassung sogenannte „Verhaltenstests" durchführen, deren Sinn es ist, den rassetypischen Charakter des Briards durch gezielte Zuchtauswahl zu erhalten. Zeigt der vorgestellte Hund Defizite, führt dies zur Aussprache von Empfehlungen (im Sinne eines Rates) und Auflagen (im Sinne einer Verpflichtung) bezüglich möglicher Zuchtpartner. Hunde mit Extremverhalten werden von der Zucht ausgeschlossen.

Im Verhaltenstest des BCD werden beispielsweise folgende Verhaltensbereiche getestet: die Reaktion auf optische, akustische und optisch-akustische Einwirkungen, das Verhalten in Menschenmengen und im Verkehr, das Spiel mit dem Halter und mit Fremdpersonen, das Verhalten zu Fremden unter Streß, die Reizschwelle, die Zeitdauer der Beruhigung, die Aggressionsbereitschaft, das Temperament, das Verhalten zu Artgenossen und zu fremden Menschen, das Verhalten zum Halter. Jede dieser Einzelkomponenten wird mit einem Multiplikationsfaktor belegt, wobei die Verhaltensanteile, die sich über den Durchschnitt der bislang getesteten Hunde hinweg als defizitär erwiesen haben, mit höheren Multiplikationsfaktoren versehen werden als jene, bei denen sich generell gute Ausprägungen finden lassen. Dabei wird eine Anpassung der Faktoren in regelmäßigen Abständen je nach Schwerpunktverlagerung der Testergebnisse vorgenommen.

Da sich gezeigt hat, daß leider immer mehr Briards die eigentlich typische Lauffreude und das Temperament des Schäferhundes vermissen lassen, hat der BCD einen Laufteil im Verhaltenstest eingebaut, bei dem der Hund auf ca. 1500 Metern in wechselnden Gangarten vom normalen Schritt bis hin zum Galopp laufen muß.

Die Verhaltenstests beider Vereine können also dazu führen, daß dem Standard entsprechende, HD-freie Briards dennoch von der Zucht ausgeschlossen, bzw. nur in Maßen eingesetzt werden, weil ihr Charakter nicht dem erwünschten Briardwesen entspricht.

Wer sich an diese beiden Vereine wendet, wird mit hoher Wahrscheinlichkeit einen guten Welpen erhalten.

Beide Vereine unterhalten sogenannte Welpenvermittlungsstellen (Adressen siehe Anhang). Diese verschicken Informationsmaterial über den Briard, beantworten Fragen rund um den Briard und führen stets aktualisierte Listen, aus denen Adressen der Züchter, Angaben über geplante oder bereits gefallene Würfe, gegliedert nach Alter, Geschlecht und Farbschlägen der Welpen, hervorgehen. Man sollte sich ruhig an beide Vereine wenden und z. B. auch Nachfragen hinsichtlich der Zuchtziele der Vereine, ihrer Kriterien in der Zuchtzulassung, ihrer Angebote für ihre Mitglieder, was beispielsweise Ausbildungs- und Erziehungswochenenden etc. betrifft, stellen. Die Preise für die Welpen bewegen sich in der Regel zwischen 1500,– DM bis 1800,– DM.

Es gibt auch die Möglichkeit, über Inserate in Tageszeitungen und Hundefachzeitschriften an die Adressen von Züchtern zu gelangen. Aber Vorsicht: Dort inserieren sowohl Züchter, die ordnungsgemäß dem BCD oder dem CfH angeschlossen sind, als auch solche, die sich jeglicher Kontrolle entziehen.

Man sollte den „Anbieter" beim ersten telefonischen Kontakt fragen, ob er Mitglied im BCD oder CfH ist *und* ob seine Welpen Ahnentafeln

von einem der beiden Clubs ausgestellt bekommen. Hat man irgendwelche Zweifel, sollte man beim Zuchtbuchamt des betreffenden Vereins anrufen und nachfragen, ob es sich um einen ordnungsgemäßen Wurf handelt.

Man sollte sich auch nicht von solchen Worten wie „Hobbyzucht" oder „Liebhaberzucht" täuschen lassen. Manche seriöse Züchter möchten damit zwar nur zum Ausdruck bringen, daß sie die Hundezucht nicht gewerbsmäßig betreiben, doch vielfach dient der Begriff lediglich der Verschleierung der Tatsache, daß der „Züchter" keinem VDH-Verband angeschlossen ist.

Für Hundevermehrer, die nicht aus Liebe zu Hunden und zum Briard im besonderen züchten, sondern aus reiner Profitorientierung, gibt es viele Gründe, sich der Mitgliedschaft im BCD oder CfH zu entziehen: Man muß sich keinerlei Kontrollen unterwerfen, ob die eingesetzten Elterntiere körperlich und seelisch gesund sind und dem Standard entsprechen. Niemand kann den „Züchter" daran hindern, mit kranken Hunden zu züchten, Hunde mit Wesensschwächen einzusetzen, eine unglückselige Verpaarung vorzunehmen, beispielsweise einfach den Nachbarsrüden zum Decken holen, um sich kostspielige Reisen und Hotelaufenthalte in der Ferne bei einem gesunden und passenden Rü-

Aus diesen Maulwürfen werden tatsächlich Briards

den zu sparen. Der „Züchter" muß sich nicht an Pausen für seine Hündin halten, sondern kann sie bei jeder Hitze belegen. Ist die Hündin dann früh „verbraucht", wird sie „abgestoßen". Bei der Welpenaufzucht wird vielfach an qualitativ hochwertigem Futter, an Entwurmungskuren und am Impfen gespart. Ferner können die Kosten für die Wurfabnahme vermieden und zugleich auch eine Kontrolle des Zustandes von Hündin und Welpen verhindert werden. Nachzuchtbeurteilungen, die eventuell einen nachträglichen Ausschluß eines Zuchttieres aus der Zucht nach sich ziehen könnten, finden nicht statt.

Leider wird der „Hundemarkt" generell von Hundevermehrern, nicht aber von seriösen Züchtern bestimmt. Hundevermehrer haben einzig und allein das Ziel, sich

an der Welpenproduktion zu bereichern. Dies funktioniert nur dann, wenn sie immer schnell auf die gerade in Mode gekommenen Rassen umschwenken, möglichst mehrere Moderassen „im Angebot" haben, viele Zuchthündinnen halten, um mehrere Würfe gleichzeitig verkaufen zu können. Aus dem Ausland werden billigst viel zu junge Welpen importiert und als Briards aus deutscher Zucht verkauft. Der Deckrüde wird gleich mitgehalten, was die genetische Vielfalt erheblich einschränkt. Meist leben diese Welpen in Schuppen, auf leicht zu reinigenden Böden, vielleicht noch im Freiauslauf. Regelmäßige Kontakte zu Menschen sind ihnen ebenso fremd wie das Leben im Haus mit all seinen Alltagsgeräuschen. Eine gezielte Umweltsozialisierung findet nicht statt – das wäre viel zu zeitintensiv.

Neben diesen Welpen von gewerbsmäßigen Hundevermehrern gibt es auch Briards, die geboren werden, weil dem Halter einer Hündin ein „Unglück" geschehen ist, die Hündin ungewollt belegt worden ist. Hierbei kann es sich durchaus um liebevolle Besitzer handeln, die sich sehr viel Mühe mit der Welpenaufzucht machen, doch ein Restrisiko hinsichtlich der Güte der Verpaarung bleibt auch in diesen Fällen.

Dann gibt es noch die Würfe, die aus dem Wunsch der Besitzer einer Briardhündin resultieren, „einfach mal einen Wurf haben zu wollten". Auch hier gilt – selbst bei guter Welpenaufzucht – das Risiko der Verpaarung, da solche Besitzer sich in der Regel nicht viel Gedanken über die Güte der Elterntiere und deren Passung zueinander machen.

Tatsächlich werden seit einiger Zeit immer mehr Briards außerhalb der Kontrolle von BCD und CfH „produziert". Der Markt hat schnell reagiert. Früher war der Briard ein eher unbekannter Liebhaberhund, auf den Interessenten Monate warteten. Durch sein Auftreten in Film und Fernsehen und die Rasseporträts in allen gängigen Hundezeitschriften wurde er immer bekannter. Sein attraktives Äußeres führte dazu, daß immer mehr Menschen sich diesen wunderschönen und noch dazu eher exotischen Hund anschaffen wollten. Die seriösen Züchter jedoch reagierten nicht mit einer „Steigerung ihrer Produktion", sondern bleiben ihrer Linie treu. Die Folge waren immer längere Wartezeiten. Clevere Geschäftsleute sahen ihre Chance und fingen an, nun auch Briardwelpen auf den Markt zu werfen, wobei sie zwei Trümpfe in der Hand hatten und haben: Ihre Wartezeiten sind kürzer und sie können die Welpen billiger verkaufen, weil ihnen kaum Kosten entstehen.

Die Folgen dieser Entwicklung sind jetzt bereits spürbar: Durch unkontrollierte Vermehrung steigt die Gefahr genetischer Defekte. Die Briards aus solchen Vermehrungsanstalten verlieren ihre sprichwörtliche robuste Gesundheit. Wesenschwache, d. h. z. B. extrem ängstliche oder aggressive Hunde werden immer häufiger. Die Hundevermehrer scheren sich nicht darum, die passenden Käufer für einen Briard zu suchen. Deshalb gelangen immer mehr Briards in die Hände von Besitzern, die an dieser nicht einfachen Rasse scheitern. Seriöse Züchter haben zunehmend Schwierigkeiten, Welpenkäufer zu finden. Wird dieser Trend nicht gestoppt, wird der Briard das Schicksal so vieler Rassen teilen, die zu beliebt geworden sind: Die wirklichen Liebhaber der Rasse ziehen sich resigniert aus der Zucht zurück und der Markt verbleibt den Scharlatanen, die die Rasse kaputtvermehren.

Noch ist es nicht so weit, noch gibt es in beiden Vereinen, dem BCD und dem CfH, viele seriöse Züchter, denen es um den Erhalt der Qualitäten der Rasse und nicht um das Geldverdienen geht. Jeder Welpenkäufer sollte sich darüber im klaren sein, daß er mit seiner Kaufentscheidung nicht nur dafür verantwortlich ist, welchen Welpen er zu sich holt, sondern auch für das künftige Schicksal des Briards als Rassehund.

Kann sich ein Züchter als Mitglied des BCD oder CfH ausweisen, ist die erste Hürde in der Wahl eines Züchters genommen.

Was wäre ein idealer Züchter?

Folgende Kriterien sollten bei der Auswahl eines Züchters Beachtung finden:

Er betreibt die Hundezucht nicht gewerbsmäßig. Dies bedeutet, daß er nicht mehr als zwei, maximal drei aktive Zuchthündinnen sein eigen nennt, folglich nicht mehr als zwei, maximal drei Würfe im Jahr hat.

Er züchtet (in der Regel) nur eine Rasse.

Bei ihm leben auch alte, nicht mehr „zuchttaugliche" Hunde.

Wie verhält er sich den Welpeninteressenten gegenüber bei der ersten Kontaktaufnahme?

Ein verantwortungsbewußter Züchter

– fordert die Welpeninteressenten auf, sich persönlich, möglichst mit der ganzen Familie, bei ihm vorzustellen

– antwortet bereitwillig auf alle Fragen rund um seine Zucht, ohne auszuweichen oder ungehalten zu werden

– stellt nicht nur die Vorzüge der Rasse heraus, sondern weist auch auf mögliche Schwierigkeiten im Verhaltens- und Gesundheitsbereich hin

– stellt den Welpeninteressenten selbst eine ganze Reihe von Fragen wie z. B.: Warum sie einen Hund dieser Rasse wollen/Was sie über deren typisches Verhalten wissen/Warum sie eine Hündin, bzw. einen Rüden wollen/Welche Erwartungen sie hinsichtlich des Zeitaufwandes haben, den der Hund ihnen abverlangen wird/ Ob sie selber schon Hundeerfahrung haben/Wieviel Zeit sie regelmäßig außer Haus verbringen/ Was mit dem Hund im Urlaub geschieht/Wo und wie sie wohnen/Ob sie Kinder haben bzw. planen/Ob sie mit dem Hund Hundesport betreiben, auf Ausstellungen gehen wollen, ihn einfach „nur" als Familienhund wünschen, etc.

Wie leben seine Hunde bei ihm? Sind sie bei ihm in der Wohnung/

Haus oder werden sie die meiste Zeit des Tages in einen Zwinger weggesperrt? Besteht zwischen Züchter und Hund ein enges Band gegenseitiger Zuneigung? Sind seine Hunde korrekt ernährt und gepflegt? Sieht man im Haushalt Spuren, die auf ein aktives Zusammenleben mit dem Hund hindeuten (z. B. herumliegendes Spielzeug, Körbchen/Decke, aber auch Hundehaare oder verkrustete Matschstiefel)?

Wo und wie zieht er seine Welpen auf? Falls die Welpen noch nicht geboren sind, sollte man sich trotzdem das Wurflager, das „Kin-

derzimmer" und den Auslauf im Freien für die Welpen zeigen lassen.

Eine ideale Welpenaufzucht ist gegeben, wenn
– Wurfkiste und Welpenzimmer sich im Wohnbereich des Züchters befinden – und zwar nicht abgeschieden an einem ruhigen Ort, sondern sozusagen mitten im Leben
– der Züchter sich für 8 Wochen voll und ganz seinen Welpen widmen kann, (d. h. maximal halbtags berufstätig ist), eventuell zu Hause arbeitet und/oder in der Zeit Urlaub hat

Diese Welpen haben eine vernünftige Wurfkiste

- wenn die Familie des Züchters, aber auch andere Personen sich häufig gezielt mit den Welpen beschäftigen
- die Welpen Alltagsgeräusche z. B. von Staubsauger, Waschmaschine, Rasierer, Radio, Fernseher kennenlernen
- die Welpen mit verschiedenen optischen Reizen wie flatternder Wäsche, aufgespannten Schirmen, großen Mülltonnen, gelben Säcken etc. konfrontiert werden
- die Welpen ans Autofahren gewöhnt werden
- die Welpen Kontakt zu möglichst vielen verschiedenen fremden Personen haben (Kinder in verschiedenen Altersstufen, Männer und Frauen verschiedenen Alters etc.)
- die Welpen nicht nur mit ihrer Mutter, sondern auch noch mit anderen älteren Hunden beiderlei Geschlechts Kontakt haben
- die Welpen einen Auslauf im Garten haben
- alles einen sauberen Eindruck macht. Gemeint ist hier, daß die Laken der Welpenkiste häufig gewechselt werden, daß keine Mengen älterer Häufchen oder dicke Lagen von hoffnungslos durchgeweichtem Zeitungspapier, auf dem die Welpen ständig im Nassen hocken, herumliegen. Sauber meint aber nicht klinische Ordnung. Vielmehr sollte man den

Eindruck eines kreativen Chaos gewinnen.

Ab der vierten Woche sind die Sinnesorgane und die Motorik der Welpen soweit entwickelt, daß sie spielen können und wollen – und damit lernen. Dafür sollten ihnen reiche Anregungen in Form verschiedenen Spielzeugs zu Verfügung stehen wie spezielles Hundespielzeug, aber auch Kartons oder Küchenrollen zum Zerlegen, abgeschnittene Jeans, Klettergelegenheiten, Tunnel, alte Äste und Zweige. Die Welpen sollten unterschiedliche Bodenflächen wie Teppich, Fliesen, Beton, Erde, Rasen etc. kennenlernen.

Wieviel Mühe macht sich der Züchter, geeignete Welpenkäufer zu finden? Ein guter Züchter wird einen Welpeninteressenten eventuell ganz von einem Briard abraten oder ihn davon zu überzeugen versuchen, daß er sich besser für eine Hündin und nicht für einen Rüden entscheiden sollte. Vielleicht wird er auch kategorisch sagen, daß ein Interessent nur eine Hündin bekommen kann, nicht aber einen Rüden.

Er wird die Welpenkäufer in der Auswahl eines geeigneten Welpen beraten, wobei er sich darum bemüht, die Charaktermerkmale jedes einzelnen Welpen möglichst genau einzuschätzen und danach zu schauen, in welche Lebensumstände dieser Welpe am besten hineinpaßt.

Welpenaufzucht im Haus...

... und im Garten

Gute Züchter geben ihren Welpen neben der Ahnentafel und dem Impfpaß für ihren Lebensweg auch noch einige weitere Dinge mit, z. B.
- Halsband/Leine für die erste Zeit
- Futterration für die ersten Wochen
- Futterplan und Plan für Impfungen und Entwurmungen
- Kleine Broschüre, in der sie alles Wissenswerte zusammengetragen haben
- Tips über lohnenswerte Bücher
- evtl. Anschriften von Briardarbeitskreisen oder guten Hundesportvereinen, die Welpenspieltage und Erziehungskurse anbieten
- vielleicht einige Fotos der Eltern und aus den ersten 8 Wochen des Welpen.

Vor allem aber macht ein guter Züchter deutlich, daß die Welpenerwerber sich auch zukünftig mit allen Problemen immer an ihn wenden können. Er möchte auf dem laufenden gehalten werden, erkundigt sich nach dem Wohl der Welpen, veranstaltet Welpentreffs.

Wer sich also für den Kauf eines Briards entschieden hat, sollte sich mehrere Züchter aus beiden Vereinen anschauen und genau prüfen. Bereits bei der ersten telefonischen Kontaktaufnahme sollte man Fragen zur Gesundheit der Elterntiere und zur Gesundheit der bisherigen Nachkommen jedes Elterntieres stellen. Fragen sollten auch den Verhaltenseigenschaften der Elterntiere wie ihrer Nachkommen gelten. Fer-

Ausflug mit der Mama

ner kann man sich die Gründe der Verpaarung darlegen lassen. Viele Informationen hinsichtlich der Aufzuchtbedingungen können schon per Telefon eingeholt werden. In dem Maße, wie Züchter das erste Telefongespräch mit den Welpeninteressenten als „erste Auslese" führen, d. h. einen Interessenten u. U. erst gar nicht zu einer persönlichen Vorstellung einladen, in dem Maße können auch die Welpeninteressenten anhand der erhaltenen Informationen bereits aussieben, wo sie lieber keinen Hund kaufen wollen. Ein persönliches Kennenlernen jener Züchter, die am Telefon einen guten Eindruck gemacht haben, ist danach natürlich nötig, um sich ein umfassendes Bild zu machen.

Ein seriöser Züchter, der aus Liebe zum Briard züchtet, wird dieses Interesse zu schätzen wissen und bereitwillig Auskunft geben. Allerdings sollte bedacht werden, daß Züchter, die einen Wurf liegen haben, permanent im Streß sind und daher auch durchaus einmal sagen können, daß sie momentan beim besten Willen keine weitere Zeit haben.

Natürlich hängt die Entscheidung, von einem bestimmten Züchter einen Welpen zu erwerben, auch davon ab, ob dem Interessenten die Mutterhündin, die er ja anschauen kann, gefällt.

Ferner sollte man in seine Überlegungen z. B. miteinbeziehen, welchen Zuchtlinien die Elterntiere entstammen: Eher einer Linie, die stark auf die Zucht des Briards als reinen Familienhund abstellt oder einer Linie, die das Gebrauchshunderbe miterhalten will. Je nach der eigenen Lebenssituation und den Motiven für die Anschaffung eines Briards sollte hier die Entscheidung getroffen werden.

Hat man nun einen guten Züchter gefunden, bleibt schließlich noch die Frage, welchen Welpen man schließlich zu sich holen wird.

Welcher Welpe soll es sein?

Zunächst muß die Frage geklärt werden, ob ein Rüde oder eine Hündin ausgewählt werden soll. Diese Frage ist nie pauschal zu beantworten, Pro und Kontra müssen in jedem Einzelfall gegeneinander abgewogen werden.

Für eine Hündin sprechen folgende Argumente:

Sie wird zwar maximal zweimal im Jahr heiß, doch dafür hat man den Rest des Jahres Ruhe, während ein Rüde immer „bereit" ist. Briardhündinnen sind in der Regel kleiner, leichter und daher körperlich besser zu handhaben als Rüden.

Hündinnen sind anhänglicher und schmusen lieber, sie sind sensibler. Die Pubertät der Hündin ist leichter zu überstehen. Hündinnen raufen weniger häufig als Rüden. Hündinnen haben ein weniger starkes Dominanzstreben gegenüber ihrem Besitzer.

Aber auch Argumente pro Rüden lassen sich anführen:

Man hat keine Probleme mit nachstellenden, das Haus belagernden Rüden, mit Blutflecken oder gar ungewolltem Welpensegen. Die Rüden sehen oft imposanter aus. Sie raufen zwar häufiger, dafür aber nicht so ernsthaft wie Hündinnen. Rüden klären in der Regel ihr Verhältnis zueinander, Hündinnen bleiben u. U. lebenslange Feindinnen. Rüden gestehen fremden Welpen mehr Schonung zu, Hündinnen reagieren dagegen auf Welpen anderer Hündinnen häufig ablehnend bis aggressiv. Rüden sind eher bereit, einen neuen Hund ins Rudel aufzunehmen als Hündinnen. Sie stehen der Außenwelt gelassener und manchmal auch offener gegenüber. Rüden sind dickfelliger und stecken daher Fehler im Umgang mit ihnen und in der Erziehung besser weg. Schließlich sind Rüden häufig aktiver und spielfreudiger.

Bedenkt man nun die zwei zentralen, möglichen Problembereiche im Leben mit dem Briard – sein Dominanzstreben über Besitzer wie auch über andere Hunde –, so dürfte klar sein, daß Briardrüden schwieriger sind. Nicht von ungefähr zerbrechen sich die meisten Züchter

vor allem hinsichtlich der Vergabe ihrer Rüden besonders stark die Köpfe. Briardrüden gehören in erfahrene Hände, sie erfordern in besonders starkem Maße neben einem sensiblen Umgang eine konsequente, führende Hand des Besitzers.

Natürlich gibt es auch dominante, temperamentvolle oder sture Hündinnen, wie andererseits auch übersensible, brave, gebremste Rüden. Generell ist jedoch zu sagen, daß Briardhündinnen einfacher zu handhaben sind als Briardrüden.

Mit der Entscheidung für ein Geschlecht ist aber in der Regel noch keine Entscheidung für einen einzelnen Welpen gefallen, da in den großen Würfen (durchschnittlich bekommen Briardhündinnen zehn Welpen, es sind aber auch schon siebzehn geworfen worden) der Briards zumeist mehrere Tiere vom gleichen Geschlecht zu finden sind. Für den Welpenkäufer stellt sich somit die Frage, für welchen Rüden/welche Hündin er sich entscheiden soll.

Diese Entscheidung sollte in erster Linie nach dem Verhalten des Welpen und erst in zweiter nach dessen Aussehen getroffen werden. Es gibt nun keine Gebrauchsanleitung nach dem Motto: Wer ist der beste Welpe? Die Frage kann immer nur lauten: Welcher Welpe ist für einen speziellen Käufer mit dessen individuellen Lebensumstän-

Welchen soll man da
auswählen?

den, Wünschen an den Hund, seiner bisherigen Hundeerfahrung etc. am geeignetsten? Es muß darum gehen, Hund und Mensch so auszuwählen, daß sie zueinander passen.

Hier kommt dem Züchter eine ganz bedeutende Aufgabe zu. Er lebt acht Wochen lang sehr eng mit den kleinen Geschöpfen zusammen und kennt sie in- und auswendig. Der Züchter ist am besten in der Lage, die Charaktereigenschaften eines Welpen zu erkennen. Ist man bei der Auswahl eines Züchters so sorgsam wie beschrieben vorgegangen, kann man sich darauf verlassen, daß er sich bemühen wird, für jeden Käufer den richtigen Welpen herauszusuchen. Dennoch kann man keine Garantie für das spätere

Verhalten des Welpens erwarten, denn das hängt in hohem Maße von dessen Erfahrungen und dem Verhalten seiner Besitzer ab. Auch Züchter erleben immer wieder überraschende „Wandlungen" ihrer Welpen.

Wohnt ein Welpeninteressent in der Nähe des Züchters, wäre es ideal, wenn dieser die Welpen ab der vierten Lebenswoche so oft wie möglich besucht und seine eigenen Beobachtungen anstellt. Zum Teil gekoppelt an die Geschlechtsunterschiede, zum Teil davon losgelöst existieren in jedem Wurf große individuelle Unterschiede der Welpen im Hinblick auf ihre Charaktere. Der Charakter eines Welpens erschließt sich jedoch nicht bereits dann, wenn ein Welpenkäufer vielleicht ein- oder zweimal für ein, zwei Stunden zum Züchter fährt. Der Käufer erhält so nur eine sehr kurze Momentaufnahme, die täuschen kann. Beispielsweise wünscht sich ein Interessent einen temperamentvollen Hund. Nun besucht er den Züchter, und ihm fallen zwei sehr lebhaft herumtollende Welpen auf, während die anderen in der Ecke schlafen. Es kann sein, daß dies wirklich die temperamentvollen Gesellen sind, es kann aber genauso gut sein, daß diese beiden gerade erst aufgewacht sind, während die anderen ihre Toberunde schon hinter sich haben. Es ist also wichtig, die Welpen oft, zu verschiedenen Tageszeiten und für eine längere Dauer zu beobachten.

Vier Eigenschaften

Doch worauf sollte man in seiner Beobachtung der Welpen achten?

Exemplarisch soll hier auf vier Eigenschaften und deren Erkennung eingegangen werden, die für die Auswahl eines Briardwelpen wichtig sind: Verhalten gegenüber fremden Menschen, Dominanzstreben, Temperament, Sicherheit.

Verhalten gegenüber fremden Menschen. Wie reagieren die Welpen auf das Erscheinen fremder Personen: Kommen sie interessiert herangewackelt? Nähern sie sich zwar

sofort, aber eher vorsichtig? Beäugen sie sie aus dem Hintergrund? Rennen sie panisch ins nächstbeste Versteck? Abzuraten ist nur von den Welpen, die das letztgenannte Verhalten zeigen, da es sehr schwierig werden könnte, bei diesen Welpen jetzt noch Vertrauen zum Menschen aufzubauen. Viele Autoren raten dazu, sich für den Welpen zu entscheiden, der sofort ungebremst auf die Besucher zugestürzt kommt. Doch vor dieser pauschalen Empfehlung muß gewarnt werden.

Es kann tatsächlich sein, daß dies ein besonders menschenfreundlicher Briard ist. Will man einen solchen, könnte man mit der Wahl dieses Welpens gut beraten sein. Es ist aber genauso gut möglich, daß sein sofortiges Kommen lediglich der Ausdruck des Verhaltens eines Alphatieres ist. Wollte man also einen sehr menschenfreundlichen, aber zugleich auch möglichst unkomplizierten Briard, würde man so genau die falsche Wahl treffen.

Dominanzstreben. Auch das Verhalten des Welpen beim Fressen, beim Spielen, bei kleinen Kämpfen, wie auch seine Reaktion darauf, wenn man ihn auf den Rücken dreht, kann Aufschlüsse darüber geben, inwieweit ein Welpe von eher dominantem Charaktertypus ist.

Wenn man die Gelegenheit hat, sollte man die Welpen beim Fressen beobachten. Wer ist als erster bei der Schüssel, wer schlingt am meisten, wer steht beispielsweise mit seinem Körper in der Schüssel, wer knurrt seine Geschwister beiseite oder fängt sogar einen Kampf an? Wer läßt den anderen den Vortritt, begnügt sich mit den Resten oder läßt sich beim ersten Lefzenhochziehen seines Geschwisters in die Flucht schlagen?

Wer verteidigt Spielzeug ausdauernd, knurrend und zum Kampf bereit? Wer wartet als Dritter im Bunde, um vom Streit zweier Geschwister zu profitieren? Wer hält sich im Hintergrund und zwickt bei einer sicheren Gelegenheit die raufenden Geschwister auch einmal ins Hinterteil? Wer sieht zu, daß er aus der Schußlinie kommt, sobald es eine Rauferei gibt? Wer läßt sofort alles Spielzeug fallen, sobald ein Geschwister signalisiert, daß es dieses Spielzeug haben will?

Wer zettelt gerne zum Jux kleine Kämpfe an? Wer geht nur in den Kampf, wenn ihm etwas wichtig ist – und streitet dann bis zum bitteren Ende? Wer läßt sich grundsätzlich gar nicht erst auf eine Auseinandersetzung ein?

Wie sieht es mit der Unterwerfungsbereitschaft eines Welpen aus? Zeigt er bei einer Auseinandersetzung mit einem eventuell stärkeren Geschwister Gesten wie Kopf- und Blickabwenden, Rute einklemmen, auf die Seite oder auf den Rücken

legen? Oder versucht er sich, einmal in die Enge getrieben, mit allen Mitteln zu verteidigen, und will er sich auf keinen Fall unterwerfen? Wie verhalten sich die Siegertypen: Akzeptieren sie sofort die Demutsgesten ihrer unterlegenen Geschwister oder setzen sie nach?

Wenn die Welpen sich bei einem Besuch an den Käufer gewöhnt haben, kann dieser den Welpen einmal spielerisch auf den Rücken rollen und den Bauch kraulen. Wehrt sich der Welpe empört, strampelt er und versucht zu schnappen, handelt es sich vermutlich um einen Welpen, der sich später schwerer damit tun wird, den Besitzer als seinen Boß anzuerkennen. Bleibt der Welpe verkrampft, fast wie erstarrt liegen und pillert vielleicht auch noch, ist davon auszugehen, daß dieser Hund seinen Besitzern später weniger Kopfzerbrechen im Hinblick auf mögliches dominantes Verhalten machen wird, doch kann es sich generell um einen eher unsicheren Hund handeln. Der stabilste und gleichzeitig leichter zu handhabende Hund ist jener, der sich das Auf-den-Rücken-Drehen entspannt ohne Anzeichen von Empörung oder Angst gefallen läßt.

Die eigenen Beobachtungen sollte man mit dem Züchter diskutieren und ihn fragen, ob die eigene Einschätzung mit der seinen übereinstimmt. Man muß auch wissen, daß nicht jeder im Vergleich zu seinen

Geschwistern dominant erscheinende Welpe gleich ein Alphatier ist.

Haben Züchter ein deutliches Alphatier im Wurf, so suchen sie sich sehr genau aus, welchem Welpeninteressenten sie diesen Hund anvertrauen. Für hundeerfahrene Leute sind Alphatiere oft wunderbare Hunde, weil sie mit einer starken Persönlichkeit sicher durchs Leben schreiten. Für unerfahrene Hundehalter, die zudem noch das Problem haben, sich durchzusetzen, können diese Hunde jedoch u. U. zum Alptraum werden. Daher sollte man sich hier voll auf das Urteil des Züchters verlassen: Rät er im Einzelfall von einem bestimmten Welpen ab, sollte man diesen Rat annehmen.

Dominantes Verhalten ist nicht gleichzusetzen mit „schlechtem Verhalten". Doch der Welpeninteressent sollte sich selbst ehrlich fragen, ob er mit einem dominanten Briard, womöglich auch noch einem Rüden, klar kommt. Gerade in der Frage der Dominanz sollte man sich auf das Urteil des Züchters verlassen. Züchter machen immer wieder die Erfahrung, daß Welpeninteressenten sich selbst falsch einschätzen und dann sehr schnell feststellen, daß sie mit ihrem äußerst charakterstarken Briard überfordert sind.

Es muß jedoch darauf hingewiesen werden, daß auch das Gegenteil eines Alphatieres keine problemlose Erziehung garantiert. Wählt man einen Hund, der sich nie ums Futter balgt und sich nie wehrt, kann man genauso Probleme bekommen wie mit einem Alphatier, weil die Gefahr besteht, daß dieser Welpe sich später duckmäuserisch und ängstlich verhält, dadurch die Aggressionen anderer geradezu auf sich zieht und zum begehrten „Prügelknaben" wird – mit der möglichen Folge eines gestörten Sozialverhaltens bis hin zum Angstbeißer.

Sicherheit. Wie reagieren die Welpen auf plötzliche ungewöhnliche Geräusche oder merkwürdige optische Eindrücke? Man kann z. B. einige Zeit nach Beginn des Besuches ein Schlüsselbund fallen lassen oder mit einem Taschentuch wedeln (jedoch nie direkt vor, hinter, neben oder über einem Welpen). Es geht nicht darum, die Welpen furchtbar zu erschrecken. Entgegen der verbreiteten Annahme, daß der Welpe der „Beste" ist, der auf das Geräusch überhaupt nicht reagiert, entspricht es dem Normalverhalten eines Welpen, zusammenzuzucken, um sich dann erst dem Schlüsselbund vorsichtig interessiert zu nähern und es zu untersuchen. Erschrecken und Furcht sind lebensnotwendige Reaktionen, weil sie den Hund in erhöhte Alarm- und damit auch Fluchtbereitschaft versetzen, was lebensrettend sein kann. Ein sicherer Welpe merkt sofort auf (gibt es einen Grund zur Beunruhigung und zur Flucht?)

und untersucht die Situation. Ein Welpe, der in Panik davonstürzt und erst einmal dableibt, wo er gelandet ist, kann im späteren Alltag auch zu unbegründeten Panikreaktionen neigen. Welpen, die stoisch sitzenbleiben, sind in der Erziehung mitunter schwer zu motivieren.

Doch Vorsicht: Diese kleinen Tests sollten nie veranstaltet werden, ohne den Züchter zuvor von der Absicht zu unterrichten. Er kann besser einschätzen, ob man bestimmte Dinge den Welpen schon zumuten kann, oder ob man Gefahr läuft, die Welpen furchtbar zu erschrecken und sie damit zu traumatisieren.

Wichtig ist schließlich auch die Reaktion des Welpen auf die Trennung von der Mutter und den Geschwistern. Wie reagiert er, wenn man ihn ohne diese in einen ihm vertrauten Raum setzt? Fiept und weint er sofort? Bellt er und kratzt an der Tür? Verfällt er in eine apathische Starre, eventuell mit kläglichem Winseln verbunden? Erkundet er nach einigem Zögern den Raum, wobei aber aus seinen Augen und seiner Körperhaltung eher Unbehagen spricht? Zeigt er sich völlig unbeeindruckt und marschiert fröhlich im Raum umher, um die nächste Dummheit anzustellen? Auch hier sind die Lebensumstände des Welpeninteressenten für die Wahl von großer Bedeutung. Muß

der Hund viel allein bleiben, sollte man sich für einen Welpen entscheiden, der sich den Raum anguckt, ohne zu wimmern oder gar zu bellen. Eine mögliche „Gefahr" bei einem Welpen, der sich hier völlig unbeeindruckt zeigt, kann darin liegen, daß dieser auch später ein eher unabhängiges Leben führt und der Besitzer größere Probleme haben könnte, den Welpen an sich zu binden, mit allen daraus resultierenden Schwierigkeiten der Erziehung.

Temperament. Das verläßlichste Kriterium in der Auswahl eines Welpens ist dessen Temperament. Wie beim Menschen auch, sind Temperamentsunterschiede angeboren. Das Temperament, das der Welpe zeigt, ist meistens auch jenes, daß ihn als erwachsenen Briard auszeichnen wird. Natürlich können äußerst agile Briards, die bei sehr ruhigen, phlegmatischen Haltern leben, ruhiger werden. Eher bedächtige Briards können von ihren aktiven Besitzern aufgepeppt werden. Dennoch gilt, daß die Beobachtung des Temperaments eine genauere Vorhersage ermöglicht als die vorhergenannten Merkmale.

Wenn die Welpen mehrmals über mehrere Stunden besucht werden, kann man sich ein Bild vom Aktivitätsniveau der Welpen machen. Meist sind folgende Typen zu finden:

Der eine läßt sich zweimal bitten, bevor er gnädig mitspielt, spielt dann

Der Tag der Abgabe rückt langsam näher

unter keiner allzu großen Erschöpfung seiner Energie und legt sich früh und ausdauernd wieder schlafen. Wenn die Spiele der Geschwister zu wild werden, zieht er sich eher zurück. Er beschäftigt sich auch häufiger allein mit einem Spielzeug. Meist sind diese Hunde auch nicht sonderlich an Zerrspielen interessiert.

Der zweite Typ initiiert von sich aus ständig neue Aktionen, animiert seine Geschwister, tobt mit sich selbst weiter, wenn alle schon im Erschöpfungsschlaf liegen und geht begeistert auf alle Spielaufforderungen, sei es von Menschen oder seinen Geschwistern, ein. Er wirkt dabei konzentriert und vergnügt und

kippt meist plötzlich um, um in einen kurzen Tiefschlaf zu verfallen.

Der dritte Typ ähnelt dem zweiten, nur gewinnt man den Eindruck geradezu rastloser Aktivität. Er scheint nicht zu wissen, wohin mit seiner Energie, läßt ständig das eine Spielzeug fallen, um sich dann ebensowenig ausdauernd mit dem nächsten zu befassen. Meist möchte er unbedingt mit einem Spielpartner und nicht nur mit sich allein spielen. Ehe er sich definitiv schlafen legt, sind ihm schon mehrfach die Äuglein zugefallen oder die Beine weggeknickt, aber solange es geht, wehrt er sich dagegen, einzuschlafen.

Temperament ist eine Frage des Geschmacks. Es kommt ganz darauf an, welchen Typ Hund man am liebsten mag und welcher am besten zu den eigenen Lebensumständen paßt.

Eine sorgfältige Auswahl des Welpen verlangt viel Zeit. Wer diese nicht investieren kann, weil beispielsweise der Züchter mehrere hundert Kilometer entfernt wohnt, sollte mit dem Züchter sprechen, ihm seine Wünsche an einen Hund mitteilen und ihn bitten, einen passenden Welpen auszuwählen. Hat man die Zeit und die Möglichkeit, die Welpen zu beobachten, sollte man dies nutzen. Auf diese Art kann man seine Beobachtungen mit dem Züchter besprechen und gemeinsam zu einer Entscheidung kom-

Der Kauf eines Briards

men. Für ein glückliches Zusammenleben ist die Passung zwischen Mensch und Hund entscheidend, nicht aber ob der Welpe wie gewünscht eine dunkle Maske, einen besonders vorwitzigen Gesichtsausdruck oder eine besonders intensive Farbe etc. hat.

In jedem Wurf gibt es die Forschen, die Zurückhaltenden und die Ängstlichen, die Streitsüchtigen und die Friedensengel, die Temperamentvollen und die Ruhigen, die Aufgeregten und die Gelassenen, die Dominanten und die Unterwerfungsbereiten. Jeder dieser Welpen hat seine besonderen Vorzüge und Nachteile, jeder ist auf seine Weise liebenswert, und jeder Welpe hat ein Anrecht darauf, in die Lebensumstände zu gelangen, die am besten zu ihm passen – zum Wohl von Hund und Mensch.

Noch einige Worte zu den „Pflichten" der Käufer

Es ist in diesem Kapitel viel darüber geschrieben worden, was ein guter Züchter alles leisten sollte. Wer als Züchter diese Maximalforderungen erfüllen will, muß dafür viele Einschränkungen im alltäglichen Leben, Kummer und Leid, wenn die Mutterhündin oder die Welpen erkranken, und auch finanzielle Belastungen auf sich nehmen. Meist muß der gesamte Jahresurlaub geopfert werden, und die acht Wochen der Welpenaufzucht können durchaus an die Grenzen der körperlichen Belastbarkeit gehen.

Von diesen Schattenseiten des Züchtens können sich die wenigsten Welpenkäufer ein Bild machen. Sie sehen nur die putzigen kleinen Hündchen und denken, der ganze Tag bestünde nur aus Spielen und Schmusen mit diesen süßen Geschöpfen.

Daher sollen hier zum Abschluß auch ein paar Worte über die „Pflichten" von Welpenerwerbern fallen:

Falls man sich bei mehreren Züchtern auf die Warteliste hat setzen lassen, ist ein Gebot der Fairneß, dies den Züchtern auch mitzuteilen, damit jeder Züchter weiß, daß er für einen Welpen eventuell noch einen Ersatzkäufer finden muß. Ansonsten bescheidet der Züchter weitere Interessenten mit einer Absage und muß dann bei der Welpenabgabe festellen, daß der erste Interessent plötzlich abgesprungen ist, somit ein Welpe „übrigbleibt".

Ist man in der Auswahl des Züchters wie beschrieben vorgegangen, kann auch der in vielen Hundebüchern wiederholte Rat, man solle den Züchter unangemeldet besuchen, vernachlässigt werden. Welpenaufzucht bedeutet zwar viel Freude, aber auch viel Arbeit und Streß. Das Haus ist ständig voll von Welpenkäufern und anderem Besuch, die die Welpen sehen wollen, so daß ein Züchter froh ist, wenn er endlich seine Ruhe hat. Unangemeldeter Besuch, eventuell noch zu besonders ungünstiger Zeit, stellt eine zusätzliche Belastung dar, die gut zu vermeiden ist.

Welpenkäufer, die einen Welpen von einem guten Züchter bekommen, haben die denkbar besten Chancen auf ein glückliches Zusammenleben von Mensch und Hund. Als kleines Dankeschön können Welpenkäufer sich revanchieren, indem sie von sich aus den Kontakt zum Züchter halten, anrufen, Fotos schicken, den Züchter besuchen, an Welpentreffen und Junghundbeurteilung teilnehmen, ihren Hund ordnungsgemäß auf Hüftgelenksdysplasie röntgen lassen, ja vielleicht auch einmal an einer Ausstellung teilnehmen.

Ganz abgesehen davon, daß der Kaufpreis mitnichten alle Kosten abdeckt, schon gar nicht, würde man die investierte Arbeitszeit miteinberechnen, wird der Verkauf eines Hundes von guten Züchtern nicht als Tauschaktion „Welpe gegen Bares, dann trennen sich die Wege" gesehen. Die Züchter möchten gerne, daß die Welpenkäufer Kontakt halten, über die Entwicklung des Hunde erzählen, sich bei Problemen an sie wenden.

Der erste Tag im Leben mit dem Briardwelpen

Erste Vorbereitungen

Bevor der Welpe in sein neues Heim geholt werden kann, sollten die Besitzer in spe bereits mehrere Dinge vorab erledigt haben:

Berufstätige Käufer sollten mit ihrem Arbeitgeber abklären, mit Abholdatum des Welpens möglichst viel Urlaub nehmen zu können. Ist man Ersthundebesitzer, sollte man sich in seiner Bekanntschaft nach einem guten Tierarzt umhören und mit diesem bereits einen Termin für ein erstes Kennenlernen vereinbaren, bei dem der Welpe lediglich die angenehme Erfahrung macht, gestreichelt und gefüttert zu werden. Es empfiehlt sich, frühzeitig Informationen über Welpenspieltage einzuholen und diese ruhig zunächst ohne den Welpen zu besuchen, um sich ein Bild machen zu können.

Eine Hundehalterhaftpflichtversicherung sollte bereits ausgesucht sein, und hinsichtlich der Formalitäten rund um die Hundesteuer sollte man sich in seiner Kommune informiert haben.

Innerhalb der Familie sollten klare Absprachen über die zukünftige Aufgabenverteilung getroffen werden, aber auch darüber, welches Verhalten in der Familie geduldet werden soll und welches nicht (Beispiele: Füttern vom Tisch, Anspringen zur Begrüßung, im Bett schlafen etc.)

Auch das Lesen guter Bücher über Verhalten und Erziehung des Hundes sollte bereits auf dem Programm stehen, bevor der Welpe ins Haus kommt.

Natürlich muß auch an den Kauf einer Grundausstattung für den Welpen gedacht werden:
Dazu gehört:

1. Eine Schlafstelle. Diese kann ein Körbchen sein, eine Kiste, eine Matratze, weich mit einem nicht

Hinter diesem Unschuldsblick verbirgt sich ein starker Charakter

zu glatten Bezug. Empfehlenswert sind sogenannte Vetbeds oder Drybeds, schaffellartige Unterlagen, durch die die Nässe hindurchgeht. So bleibt auch ein Briard, der gerade seine Runde geschwommen hat, im Trockenen liegen. Weidenkörbchen sind weniger zu empfehlen, weil sie den Welpenzähnen nicht standhalten.

2. Zwei Näpfe für Futter und Wasser. Man sollte besser die teureren, schwereren wählen. Die leichten Näpfe schiebt der Hund sonst beim Fressen ständig vor sich her.

3. Spielzeug (Bälle jeder Art, Quietschtiere, Beißwurst, Stricke, zusammengeknotete Socken, Papierrollen und Kartons). Wie bei Kleinkindern muß darauf geachtet werden, daß der Hund keine Plastikteile abbeißen und verschlucken kann.

4. Halsband und Leine. Für den Welpen eignen sich zunächst sogenannte mitwachsende Welpenleinen aus Nylon mit integriertem Halsband. Danach kauft man am besten ein rundgenähtes Lederhalsband. Dieses verhindert noch am ehesten, daß das Fell am Hals bricht. Diese Halsbänder sind leider oft nur als Würger zu bekommen. Oft muß man länger suchen und eventuell auf eine Hundeausstellung fahren.

Zur Not können auch geflochtene Stoffbänder genommen werden, allerdings sind die leider auch nur als Würger zu bekommen. Das Halsband muß eng genug sein, damit der Hund nicht herausschlüpfen kann, aber es soll den Hund nicht beengen. Die richtige Größe ist dann gefunden, wenn zwei Finger noch bequem zwischen Halsband und Hals geschoben werden können. Wer mit dem ausgewachsenen Briard auf dem Hundeplatz arbeiten möchte und mit dem normalen Lederhalsband nicht weiterkommt, kann ihm für diese Gelegenheiten ein Zughalsband mit langen ovalen Metallkettengliedern kaufen. Die Leine muß jedoch so eingehakt werden, daß das Halsband nicht auf Zug läuft. Es empfiehlt sich, zwei Leinen parat zu haben. Eine einfache, ca. 1 Meter lange Lederleine mit Handschlaufe eignet sich gut zur Trainingsarbeit mit dem Hund. Zum Spaziergehen mit dem älteren Hund ist eine lange Lederleine praktisch, die man auf drei unterschiedliche Längen verstellen kann. Genähte Leinen halten besser als genietete. Eine gute Verarbeitung ist wichtig, denn wenn sich 30 oder 40 Kilo in die Leine stemmen, was immer wieder passieren kann, muß die Leine sicher halten.

Am Halsband sollte neben der Hundesteuermarke auch Name, Adresse, Telefonnummer angebracht werden für den Fall, daß der Hund einmal weglaufen sollte. Im Handel sind hierfür wasserdichte kleine Kunststoffbehälter, in die man einen Zettel mit den nötigen Angaben legen kann, erhältlich. Alternativ kann man die Angaben auf eine Blechplakette stanzen lassen.

5. Kauknochen und Leckerchen
6. Eine Krallenzange zum Kürzen der Afterkrallen
7. Eine kleine scharfe Schere, die nicht zu spitz sein sollte, aber auch nicht so stumpf wie eine Kinderschere
8. Feuchte Pflegetücher für die Reinigung von Ohren und Augenwinkeln
9. Vaseline zum Einfetten der Pfoten im Winter bei Schnee
10. Digitales Fieberthermometer, das beim Erreichen der Temperatur piept
11. Zeckenzange
12. Kämmutensilien, wie sie der Züchter empfiehlt
13. Eventuell spezielle Hundzahnbürste und Zahnpasta

Endlich ist es soweit

Der Welpenkäufer erhält beim Abholen des Welpen den Impfpaß, die Ahnentafel und eine Kopie des Wurfabnahmeberichts. Normalerweise wird auch ein Kaufvertrag geschlossen, der sich in der Regel am Mustervertrag des VDH orientiert. Verschiedene Züchter bauen zusätzliche Klauseln ein. Eine betrifft das sogenannte „Vorkaufsrecht". Mittels dieser Klausel verpflichtet sich der Welpenkäufer, den Züchter von einer geplanten Abgabe des Welpen (egal, ob es sich um ein Verschenken oder ein Verkaufen handelt) zu unterrichten. Erst wenn der Züchter den Welpen nicht zurückkaufen, bzw. zurücknehmen will, darf der Welpenkäufer den Welpen weitergeben. Mit dieser Klausel möchte sich die Züchter davor schützen, daß ihr Briard an einen Hundehändler oder in andere, schlechte Lebensumstände gelangt. Viele Züchter bestehen im Vertrag auch darauf, daß der Briard im Alter von 12 bis 18 Monaten auf Hüftgelenksdysplasie geröntgt werden muß, eine Reihe von Züchtern verankert auch die Pflicht zur Teilnahme an einer Junghundbeurteilung im Vertrag. Der Sinn beider Maßnahmen liegt darin, dem einzelnen Züchter wie den beiden Rassevereinen eine gewisse Kontrolle zu ermöglichen.

Die meisten Züchter geben ihren Welpenkäufern auch noch Futter und Leine sowie Futter- und Impfplan bzw. eine ausgearbeitete Informationsbroschüre mit.

Was da wohl auf mich zukommt?

Der erste Tag ist nicht nur für die stolzen Welpenbesitzer ein aufregendes Ereignis, sondern natürlich auch für den Welpen. Er ist getrennt worden von seiner Mutter und seinen Geschwistern und ist plötzlich auf sich allein gestellt. Die Umgebung ist ihm völlig neu, er sieht, hört und riecht vor allem ganz andere Dinge als zuvor, und andere als die gewohnten Menschen sprechen mit ihm und fassen ihn an. Der kleine Kerl muß also eine ganze Menge verarbeiten – und dabei kann der Besitzer ihm entscheidend helfen, indem er ihm viel Liebe und Aufmerksamkeit schenkt. Mindestens in den ersten beiden Wochen sollte der Welpe nicht alleingelassen werden. Am schönsten wäre es, wenn der Besitzer die ganze für den Welpen entscheidende Zeit bis zur 16. Lebenswoche für ihn da sein könnte. Der ältere Hund verkraftet es, ca 5. Stunden allein gelassen zu werden. Für den Welpen ist diese

Zeit jedoch viel zu lang. Man muß sich vor Augen halten, daß der Hund vom Wolf abstammt und seine eigentliche Lebensform die eines Lebens im Rudel ist. Der Hund ist kein Einzelgänger. Ihn also lange alleine zu lassen ist letztendlich ein artwidriger Zustand. Aber natürlich kann man den Hund nicht überallhin mitnehmen, so daß der kleine Kerl ans Alleinbleiben schrittweise gewöhnt werden muß.

Den ersten Tag mit dem neuen Kameraden plant man gut voraus. Das beginnt schon mit seinem Abholen. Wer alleine kommen muß, sollte einen Freund bitten, den Fahrer zu spielen, damit man sich auf der Rückfahrt mit dem Welpen zusammen auf die Rückbank setzen kann. Es kann sein, daß er spuckt,

weil ihm schlecht wird, und natürlich ist auch eine kleine Pipibescherung abzusehen. Man muß sich also mit Handtüchern etc. wappnen. Natürlich hat der Kleine in Zukunft alleine auf seinem Platz im Auto zu sitzen. Da der Briard für den Fußraum zu groß wird, sollte er dann gleich an die Rückbank oder beim Kombi an die Ladefläche gewöhnt werden. Mit einem im Handel erhältlichen Hundegitter oder Fangnetz kann er davor geschützt werden, bei einer Vollbremsung oder einem Unfall nach vorne geschleudert zu werden.

Bei der ersten, eventuell langen Fahrt darf der Kleine aber ruhig auf dem Schoß sitzen, damit der Besitzer ihn beruhigen kann. Es kann sein, daß er deutlich durch Unruhe

Eifer und Aufmerksamkeit des Welpen

Welpen brauchen
viel Schlaf

anzeigt, Pipi zu müssen. Zuhause angekommen sollte er zunächst an die Stelle gesetzt werden, die für die Pipigänge auserkoren worden ist. Hat er dort gepillert, wird er brav gelobt und dann ins Haus gebracht. So schwer es auch fallen mag: Man sollte verhindern, daß zu Hause die Großfamilie oder Freunde sich voller Begeisterung auf den Welpen stürzen. Er sollte in Ruhe seine Erkundungsgänge machen. Wenn er zu den anwesenden Menschen hin tippelt, sollten die ihn natürlich freudig empfangen. Jedoch gleich von Hand zu Hand gereicht zu werden, ist für den Welpen mit Sicherheit eine Überforderung.

Es ist gut möglich, daß der Kleine eben noch wild gehüpft ist und im nächsten Moment buchstäblich „tot" umfällt. Man braucht nicht zu erschrecken: Welpen müssen wie

Menschenkinder sehr viel schlafen und fallen oft ganz plötzlich in den Schlaf. Auf keinen Fall sollte dies Bedürfnis gestört werden. Dies gilt nicht nur für den ersten Tag, sondern auch für die nächsten Wochen und Monate. Im Schlaf erholt sich der Welpe körperlich und seelisch, er braucht ihn dringend für seine Entwicklung.

Wenn er alles erkundet hat, wird ihm gezeigt, wo sein Futter- und sein Wasserschälchen stehen, und er erhält sein Futter. Mag er nicht essen, sollte er nicht gezwungen werden, vielleicht war die ganze Aufregung einfach zu viel für ihn. Hat er jedoch gefressen und/oder getrunken, wird er sofort auf den Arm genommen und hinausgetragen, um dort seine Geschäftchen zu erledigen.

Wieder hineingekommen, legt man ihn auf sein ihm zugedachtes

Plätzchen. Das Körbchen/die Matratze etc. sollten sich da befinden, wo sich die Familie am meisten aufhält, denn der Hund mag nicht in ein ruhiges Zimmer abgeschoben werden. Allerdings wäre es schön, wenn sein Platz etwas „höhlenmäßig" gestaltet wäre. Auf jeden Fall darf es dort nicht zu warm oder zu kalt sein, und auch Zugluft ist abträglich. Auch sollte verhindert werden, daß der Welpe sich stundenlang auf kalte Fliesen legt.

Nach dem Essen und dem Sichlösen schläft der Kleine erst einmal. Es ist nicht erforderlich, auf Zehenspitzen herumzuschleichen, sondern man kann sich ganz normal bewegen. Selbstverständlich ist jemand da, wenn das Hundekind dann wieder aufwacht.

Irgendwann will die Familie zu Bett gehen. Es fragt sich, wo der Hund schlafen soll. Artgerecht wäre es, wenn er im Schlafzimmer schlafen dürfte, da die Rudelmitglieder im Wolfsrudel zusammen, wenn auch ohne direkten Körperkontakt schlafen. Gerade für einen Welpen, der bislang immer an Mutter und Geschwister gekuschelt geschlafen hat, wäre es grausam, wenn man ihn nun zwingen würde, allein in einem anderen Zimmer zu schlafen. Um dem Hundekind und sich selbst Kummer und schlaflose Nächte zu ersparen, ist es am besten, man stellt sein Körbchen neben das Bett und läßt die Hand heraushängen. Man kann ihn streicheln, er kann seine Leute riechen. Ohne Gewimmer wird es nicht abgehen, aber das ist normal. Außerdem bemerkt man so seine Unruhe, falls er Pipi machen muß, und man kann ihn so rechtzeitig hinausbringen.

Der Briard auf Ausstellungen

Viele Hundebesitzer halten Hunde-ausstellungen für eine lächerliche Angelegenheit, bei der es einzig und allein um die Befriedigung der Eitel-keit von Züchtern und Besitzern gehe. Sicherlich ist jeder Züchter/Besitzer eines gut bewerteten Hundes stolz, sicherlich spielen Ehrgeiz und Konkurrenz eine Rolle. Doch Ausstellungen allein unter diesem Gesichtspunkt zu betrachten, stellt eine Verkürzung der Sachlage dar. Tatsächlich bieten Ausstellungen se-riösen Züchtern die Chance, sich einen Überblick über Zuchtlinien, gute und schlechte Vererber, po-sitive wie negative Trends in der Zucht zu verschaffen. Es reicht nicht, sich aus dem Deckrüdenverzeich-nis einen hochprämierten Rüden für die eigene Hündin auszusuchen. Der Rüde selbst, aber eben auch sein bis-lang vorhandener Nachwuchs sollte begutachtet werden, und dies läßt sich am ehesten über den Besuch von Ausstellungen realisieren. Des weiteren ermöglicht der Besuch von Ausstellungen ferner einen Blick über die Grenzen des eigenen Clubs und des eigenen Landes hinaus, was letztlich der Vermeidung zu starker Inzucht dient.

Baden vor einer Ausstellung verdirbt die Fellqualität

Ausstellungswesen beim Briard

Briardbesitzer haben bislang das große Glück gehabt, daß sich das Ausstellen eines Briards wohltuend von den Gepflogenheiten bei einer Reihe anderer Rassen, wo technische Tricks wie Auftoupieren, Einsprühen etc. gang und gäbe sind, unterschieden hat. Die Briards liefen zwar gepflegt, doch in ihrer „Alltagskleidung" mit ihrem Besitzer in den Ring und beeindruckten durch ihre imposante, zugleich elegante Erscheinung und ihr wunderbares Gangwerk.

Leider trifft man vermehrt auf Aussteller, die ihren Briard als perfekt gescheitelten, glatt gestriegelten Hund vorführen, bei dem ein Haar ordentlich neben dem anderen liegt. Dieses Zurechtmachen des Briards entspricht so gar nicht dessen Charakter als robustem Hütehund. Doch ist diese sich einschleichende Unsitte von den Vereinen erkannt worden, und man versucht, dem durch ein strenges Ausstellungsreglement entgegenzutreten.

Natürlich sollte sich ein Briard im Ausstellungsring gepflegt präsentieren: durchgekämmt ohne Filzknoten, selbstverständlich ohne Parasiten und ohne Futterreste zwischen den Zähnen. Auch muß er sich wirklich nicht kurz vorher in Jauche wälzen, was eine Zumutung für den

Richter ist, oder ein Vollbad genommen haben, was die Beurteilung seiner Fellqualität und Fellfarbe enorm erschwert. Übertriebenes Styling jedoch ist abzulehnen, will man den Briard nicht zur Karikatur seiner selbst werden lassen.

Der Besuch einer Ausstellung setzt voraus, daß der Briard
– sich das u. U. massive Betasten durch einen fremden Menschen ruhig gefallen läßt
– dabei u. a. die Zahnkontrolle ruhig duldet
– sich auf engstem Raum in einer Gruppe anderer, gleichgeschlechtlicher Briards anständig benimmt, d. h. keine Rauferei beginnt
– in gleichmäßigem Schritt in jeder Geschwindigkeit neben seinem Besitzer herläuft, ohne auszubrechen, hochzuspringen etc.

Natürlich muß der Briard sich auch in einer angemessenen Kondition befinden.

Dies sind sozusagen die Minimalanforderungen, die aber häufig schon schwer genug zu erfüllen sind. Wie bereits gesagt, sind viele Briards fremden Menschen gegenüber äußerst zurückhaltend. Sie müssen erst über gezieltes Gehorsamstraining und Gewöhnung dazu gebracht werden, sich von einem Fremden anfassen zu lassen. Für viele Besitzer junger Rüden wird eine Ausstellung leicht zur Tortur, insbesondere wenn die Enge eines

Ungestylt und dennoch – oder gerade deswegen – schön

Ringes das Einhalten eines angemessenen Abstands zum Nachbarrüden nicht erlaubt.

Damit ein vollendet schöner Briard jedoch auch plaziert wird, muß noch mehr gegeben sein: Er muß sich im Stand und in der Bewegung perfekt präsentieren, dabei eine ruhige Selbstsicherheit ausstrahlen. Es gibt Briards, die sich als Naturtalente von sich aus perfekt stellen, mit anderen muß es trainiert werden. Auch das Laufen will gelernt sein, wobei es nicht allein darum geht, daß der Briard sich dem Tempo seines Besitzers anpaßt und auf Sprungeinlagen verzichtet, sondern er sollte mit raumgreifenden, leichten Schritten das elegante Gangwerk des Briards zeigen. Als Problem dabei erweist sich häufig eine zu hoch getragene Rute, die bei vielen Briards aus lauter Begeisterung nach oben schnellt, wodurch ebenfalls ein eher ungünstiger Gesamteindruck entsteht.

Das Ausstellen eines Hundes bedarf also eines gewissen Könnens seitens des Vorführers: Er muß seinen Hund voll unter Kontrolle haben, ihn im Stand so präsentieren, daß seine Vorzüge deutlich, seine Fehler möglichst kaschiert werden. Gerade beim Briard ist es wichtig, exakt das Lauftempo einzuschlagen, bei dem das Gangwerk des Hundes bestens zur Geltung kommt. Schließlich muß er in der Lage sein, den Hund zu motivieren, denn einem lustlos stehenden oder trabenden Briard fehlt die rassespezifische Ausstrahlung.

Wer mit seinem Briard das erste Mal auf eine Ausstellung gehen will, dem sei entweder eine klubinterne Junghundbeurteilung empfohlen, bei der den jungen Hunden (und ihren Besitzern) mit großer Nachsicht begegnet wird und die meist im Freien stattfindet. Oder man entscheidet sich für eine Freiluftausstellung, da dort zumindest der Streß, der bei Hallenausstellungen stets gegeben ist, etwas geringer ist. Wer langfristig plant, seinen Briard zum Ausstellungshund aufzubauen, sollte früh mit dem Training beginnen und seinen Hund bereits in der Jüngsten- und Jugendklasse vorstellen, da dort keine so strengen Kriterien an das Handling des Hundes gelegt werden. Man kann auch mit dem Hund die großen Hallenausstellungen besuchen, ohne ihn jedoch auszustellen, damit er sich einfach an die Atmosphäre gewöhnen kann.

Welche Formen der Ausstellungen gibt es?

Man unterscheidet drei Typen: Allgemeine, Internationale und Spezialzuchtschauen.

Die erstere wird vom VDH oder seinen Unterverbänden organisiert, alle Rassen werden gerichtet. Der

Briard steht mit mehreren Rassen im Ring, die Konkurrenz ist im allgemeinen nicht sehr groß. Als Titel wird die „Anwartschaft auf den Titel Deutscher Champion (VDH)", abgekürzt VDH-CHA vergeben.

Internationale Zuchtschauen werden ebenfalls vom VDH organisiert, sie müssen jedoch zusätzlich von der Fédération Cynologique Internationale (FCI), dem internationalen Dachverband der nationalen Verbände, genehmigt werden. Auch hier können alle Rassen vertreten sein, wobei meist Rasseklubs die Gelegenheit wahrnehmen und der Ausstellung eine sogenannte „Sonderschau" nur für ihre Rasse angliedern. Auf einer Sonderschau richtet immer ein Spezialrichter für die Rasse Briard und kein Allgemeinrichter.

Als Titel wird sowohl der VDH-CHA vergeben, als auch die „Anwartschaft auf den Titel Internationaler Champion", abgekürzt CACIB (steht für: Certificat d'Aptitude au Championnat International de Beauté), sowie das clubinterne CAC des veranstaltenden Clubs, die „Anwartschaft auf den Titel Deutscher Champion (Club)".

Spezialzuchtschauen (oder auch „CAC-Schauen" genannt), werden allein von einem Rassezuchtverein durchgeführt; der VDH erteilt dafür eine Genehmigung und einen sogenannten Terminschutz. Gerichtet wird auch hier von einem Spezial-

richter, die zu vergebenden Titel sind die VDH-CHA und das klubinterne CAC.

Diese drei Ausstellungsformen unterscheiden sich vom ganzen Umfeld her. Die beiden erstgenannten sind in der Regel große Hallenausstellungen, wobei besonders die Internationalen Zuchtschauen Tausende von Ausstellern aufnehmen müssen. Die Atmosphäre ist oft geprägt von Enge, einem enormen Geräuschpegel, schlechter Luft, und darüber hinaus sind sehr viele der Hunde in Boxen neben den Ringen eingesperrt. Andererseits findet man häufig ein großes Angebot an Hundezubehör und/oder ein Rahmenangebot (Agility-Vorführungen, Angebote für Kinder, tierärztliche Untersuchungen). Wer sich für das Zuchtgeschehen innerhalb der Rasse des Briards interessiert, kann die Allgemeinen Zuchtschauen ruhig beiseite lassen, doch er kommt um einen Besuch bei einer der Internationalen Zuchtschauen kaum herum.

Die Spezialzuchtschauen finden dagegen in der Regel draußen, bzw. bei schlechtem Wetter in einer Reithalle statt.

Für jede Ausstellung gilt, daß der Aussteller von der Zuchtschauleitung eine sogenannte Meldebestätigung erhält, die er am Tag der Ausstellung ebenso mitzubringen hat wie den Impfpaß des Hundes, der selbstverständlich ordnungsgemäß durchgeimpft sein muß, ansonsten wird ihm der Zutritt zur Ausstellung verwehrt. Hat der Aussteller die erforderlichen Unterlagen dabei, erhält er am Eingang der Ausstellung einen Katalog, der ein alphabetisch geordnetes Ausstellerverzeichnis enthält, wobei jeweils hinter dem Namen die Startnummer des Hundes steht. Der Katalog weist dem Aussteller ferner den Weg zu „seinem" Ring, an dem er seine Startnummer abholen kann. Handelt es sich um eine Hallenausstellung, findet er in der Regel eine Box vor, in der zwei Kärtchen mit seiner Startnummer

liegen. Eines der Kärtchen verbleibt außen an der Box, um sichtbar zu machen, daß diese Box bereits belegt ist, die andere Karte wird an der Kleidung befestigt.

Da man sich in der Regel darauf einzustellen hat, einen ganzen Tag auf dem Ausstellungsgelände zu verbringen, sollte man daran denken, für den Hund ein Wasserschälchen und Futter mitzunehmen, für den Aussteller eventuell neben Proviant eine Sitzgelegenheit. Handelt es sich um eine Hallenausstellung, ist es ratsam, für den Hund eine warme Decke, bzw. ein Fell mitzunehmen.

Auf Ausstellungen muß sich der Hund einiges gefallen lassen

Ernährung

Der Hund braucht mehr als Fleisch

Leben ist Bewegung. Leben ist Wachstum. Leben ist Stoffwechsel. Damit Lebensvorgänge ablaufen können, muß sich das Lebewesen ernähren. Der Zweck der Ernährung ist es, dem Körper Nährstoffe zuzuführen. Diese dienen der Bewegung, indem sie Energie liefern, die-nen dem Wachstum, indem sie die Baustoffe darstellen, dienen dem Stoffwechsel, indem sie verbrauchte Substanzen ersetzen. Nährstoffe befinden sich in der Nahrung. Tiere sind von organischen Stoffen abhängig. Diese gehen sämtlich auf Stoffwechselprodukte der Pflanzen zurück.

Der Hund als Nachfahre des Wolfes steht am Ende der Nah-

Briards brauchen viel Bewegung

rungskette. Er verwertet nicht die Pflanze selbst, sondern pflanzenfressende Tiere. Die wildlebenden Ahnen unseres Hundes verzehrten ihre Beute meist vollständig. Von daher geht der Begriff „Fleischfresser" am Kern vorbei. Denn nicht nur Muskelfleisch, sondern ebenso die Knochen, Sehnen, das Fell und natürlich die Innereien samt dem pflanzlichen Inhalt wurden verschlungen. Treffender ist also die Bezeichnung „Beutetierfresser".

– Der Hund steht am Ende der Nahrungskette.
– Der Hund benötigt neben Fleisch auch Fett, Mineralstoffe, Vitamine und pflanzliche Materialien.
– Der Hund ist ein Beutetierfresser.

Das Verdauungssystem spaltet die Nahrung auf

Dem Wolf wie auch seinem Nachfahren Hund sind eine Reihe spezialisierter Organe eigen, mit denen er seine Nahrung beschaffen, zerkleinern und verwerten kann. Die Zähne dienen dem Ergreifen und Zerteilen der Beute. Mit Hilfe des Speichels gleitfähiger gemacht, gelangt die Nahrung durch die sehr dehnbare Speiseröhre in den Magen. Hier erfolgt eine erste Aufspaltung der einzelnen Bestandteile. Dieser Vorgang wird im Dünndarm fortgesetzt. Unverzichtbare Hilfe leisten dabei Verdauungsenzyme, die in der

Bauchspeicheldrüse gebildet werden. Ihre Aufgabe ist die biochemische Zerkleinerung der Nährstoffe bis auf die Grundbausteine. Nur so zerlegt ist die Nahrung letztendlich verwertbar. Die Nährstoffe werden dann von der Darmschleimhaut aufgenommen und mit Hilfe des Blutkreislaufs in jede noch so entlegene Zelle des Körpers transportiert. Dort erst erfüllen sie ihre eigentliche Funktion. Im Muskel beispielsweise wird die biochemische Energie bestimmter Nährstoffe in Bewegungsenergie umgewandelt, im Knochen dienen andere Nährstoffe als Bausteine den Wachstumsvorgängen. Unverwertbare Bestandteile der Nahrung gelangen in den Dickdarm und werden wieder ausgeschieden.

– Die Nahrung muß aufgespalten werden, um verwertbar zu sein.
– Die Aufspaltung erfolgt hauptsächlich im Darm.
– Die Nährstoffe werden mit dem Blutkreislauf aus dem Darm in alle Körperzellen transportiert.

Hohe Energieausbeute nur bei hochverdaulicher Nahrung

Ob unser Briard läuft, springt, mit dem Schwanz wedelt oder vielleicht nur daliegt und Herrchen oder Frauchen beim Lesen zuschaut – jeder dieser Vorgänge braucht Energie, sie ist die treibende Kraft aller Lebensvorgänge. Unser Hund bezieht sie aus seinem Futter. In biochemischer Form gespeichert, gelangt Energie in den Körper und wird dort in die unterschiedlichsten Lebensäußerungen umgewandelt. Bei diesen Umwandlungsprozessen gibt es Verluste. Über Kot und Harn werden Stoffe ausgeschieden, die noch Energie speichern. Auch Wärmeverluste schmälern die Energieausbeute für den Organismus. Dennoch hat das Energieumwandlungssystem „Hund" einen höheren Wirkungsgrad als jedes vom Menschen ersonnene. Eines liegt jedoch auf der Hand: Je höher die Verdaulichkeit der Nahrung ist, desto geringer sind die Energieverluste für den Hund.

– Ohne Energie gibt es kein Leben.
– Die Energie ist in der Nahrung.
– Je höher die Nahrung verdaulich ist, desto besser wird sie verwertet.

Eiweiße sind Baustoff, Energieträger und Wirkstoff zugleich

Jeder Hund benötigt über fünfzig verschiedene Nährstoffe, und zwar Tag für Tag, ein Leben lang. Man kann diese der besseren Übersichtlichkeit halber in Hauptnährstoffgruppen zusammenfassen. Eine wesentliche dieser Gruppen wird von den Eiweißen oder Proteinen gebildet. Sie stellen wichtige Körperbausteine dar. Nur eine einzige Körpersubstanz überhaupt enthält keine Eiweiße als Baustein, und das ist der Zahnschmelz. Alle anderen Gewebe, ob nun Muskel, Nerven, Haut oder innere Organe, bestehen in irgendeiner Form aus Eiweißen. Sogar der Knochen enthält nicht nur Mineralstoffe, sondern eben auch Gerüstproteine. Darüber hinaus werden wichtige Wirkstoffe wie Enzyme und Hormone durch Eiweiße aufgebaut. Außerdem sind Eiweiße eine Energiequelle für Hunde. Die Energieausbeute beim Abbau der Eiweiße ist jedoch nicht besonders hoch. In dieser Hinsicht ist die Nutzung von Fetten effizienter. Fette sind die für den Hund günstigste Energiequelle. Die Ausbeute bei ihrem biochemischen Abbau ist um etwa ein Drittel höher als bei Eiweißen. Fette sind jedoch nicht nur Energielieferanten. Sie stellen auch wichtige Bausteine für Zellmembranen dar und sind unverzichtbarer Bestandteil von bestimmten Hormonen und Vitaminen. Kohlenhydrate kommen in der Natur in großen Mengen in Pflanzen vor. Das Verdauungssystem des Hundes kann diese nur in erhitzter Form spalten. Dann stellen einige Kohlenhydrate jedoch gute Energielieferanten dar. Weiterhin dienen Kohlenhydrate als Ballaststoffe. In dieser

Funktion regen sie die Darmbewegung an und sind so für die Passage der Nahrung durch den Darm unerläßlich. Ebenso wichtige, jedoch grundsätzlich andere Aufgaben erfüllen die Mineralstoffe. Die bekanntesten unter ihnen, Kalzium und Phosphor, bilden die Hauptbestandteile der Knochen. Sie fungieren also als Baustoff. Andere Mineralstoffe werden im Stoffwechsel von Substanzen benötigt, welche Steuer- und Regelungsmechanismen bedienen. So gibt es eine Reihe von Enzymen und Hormonen, die ohne die Anwesenheit bestimmter Mineralstoffe wirkungslos blieben. Weiterhin laufen so wichtige Vorgänge wie Blutgerinnung, Muskelkontraktionen oder die Erregungsleitung in Nerven nur ab, wenn die dazugehörigen Mineralstoffe dem Körper über die Nahrung zugeführt werden. Die Gruppe der Mineralstoffe kann man noch einmal unterteilen in Mengenelemente (von diesen wird ein bedeutendes Quantum täglich benötigt) und Spurenelemente (hiervon reichen oft schon ganz geringe Mengen im Mikrogrammbereich aus). Schließlich müssen noch die Vitamine in der Nahrung sein, von denen es fettlösliche und wasserlösliche gibt. Vitamine haben lebenswichtige Steuerfunktionen, dienen dem Sehvermögen, der Krankheitsabwehr oder dem Energiestoffwechsel.

- Eiweiße sind Baustoff, Energieträger und Wirkstoff zugleich.
- Fette sind die günstigste Energiequelle.
- Mineralstoffe bauen das Skelett auf und steuern lebenswichtige Vorgänge im Stoffwechsel
- Vitamine regeln unverzichtbare Lebensprozesse.

Wachsende Hunde benötigen spezielle Nahrung

Die moderne Tiermedizin hat die Besonderheiten des Hundestoffwechsels genau untersucht. So besteht heute die Möglichkeit, nicht allein den Energiebedarf eines heranwachsenden Hundes genau anzugeben, sondern auch seinen Bedarf an Kohlenhydraten, Eiweißen und Fetten sowie Mineralstoffen und Vitaminen. Dies ist entscheidend, wenn man das Ziel hat, durch eine artgerechte Bilanzierung von Nahrungsbestandteilen eine gesunde Hundeentwicklung zu fördern.

Ein gutes Beispiel dafür ist der Bewegungsapparat. Mit Hilfe von Messungen der Wachstumsgeschwindigkeit der Knochen, Röntgenaufnahmen des Bewegungsapparates, Bestimmungen der Knochendichte, Vergleich von vielen hundert gesund aufgewachsenen Hunden und weiteren Untersuchungsverfahren ist der Bedarf an Kalzium und Phosphor genau festgestellt worden. Aufgrund

Nach dem Fressen
sollst du ruhen

dieser Zahlen sind wissenschaftlich exakte Empfehlungen für die Versorgung mit diesen Mengenelementen möglich – und zwar jeden Monat im Leben eines wachsenden Hundes.

Wegen des hohen Bedarfs der Welpen an knochenaufbauenden Mineralstoffen liegt der Kalzium- und Phosphorbedarf in den ersten beiden Lebensmonaten rund viermal höher als beim erwachsenen Hund. Mit zunehmender Mineralisierung der Knochen nimmt er im Laufe des Wachstums stetig ab.

Um ein gleichmäßiges Knochenwachstum und eine gesunde Skelettentwicklung zu erreichen, kann die Versorgung mit Kalzium und Phosphor eigentlich nur durch eine ausgewogene, altersangepaßte Vollnahrung problemlos gewährleistet werden.

Eine Selbstherstellung von Hundenahrung ist wegen der möglichen Unter- oder Überversorgung mit lebenswichtigen Nährstoffen insbesondere bei Welpen sehr kritisch. So ist in „Eigenmischungen" das Kalzium/Phosphor-Verhältnis meist nicht korrekt ausbilanziert.

Die Wachstumsrate junger Hunde und die Unterschiede zwischen einzelnen Hunden werden übrigens nicht allein durch Erbanlagen bestimmt. Auch äußere Faktoren wie Ernährung, Klima oder Krankheiten sind wichtig. Eine optimale Gestaltung der äußeren Einflußfaktoren kann das Wachstum im positiven Sinne beeinflussen – also eine artgerechte, angemessene Ernährung, gute Haltungsbedingungen und eine vernünftige Krankheitsverhütung, zum Beispiel durch Impfungen. Da es bei

103

jedem Hund Unterschiede der äußeren Bedingungen gibt, variiert die Gewichtsentwicklung von Individuum zu Individuum ein wenig. Das bedeutet, daß es immer Abweichungen des altersentsprechenden Körpergewichtes von den wissenschaftlich ermittelten Durchschnittswerten gibt. Diese Unterschiede sind aber nicht nur von wissenschaftlichem Wert. In der Praxis ergeben sich aus den natürlichen Differenzen bei der Wachstumsgeschwindigkeit Unterschiede beim Bedarf der wachsenden Hunde an Energie, Eiweißen und insbesondere auch Mineralstoffen. Dies muß bei der Ernährung von Welpen und Junghunden bedacht und einkalkuliert werden.

Das Verdauungssystem und der Stoffwechsel von Welpen weisen eine Reihe von Besonderheiten auf. Der Magen ist noch relativ klein, so daß nur eine begrenzte Menge Nahrung aufgenommen werden kann. Diese eingeschränkte Speicherfunktion des Magens macht eine häufige Nahrungsaufnahme notwendig.

Einige Körpergewebe beziehungsweise Organsysteme sind während der ersten Lebensmonate ganz besonders auf eine richtig zusammengesetzte Nahrung angewiesen, um sich so entwickeln zu können, wie es die Natur vorgesehen hat. Hierzu gehören Bewegungsapparat, Abwehrsystem, Fortpflanzungssystem, Haut und Fell sowie Lunge und Atemwege. Anders als das Herz-Kreislauf-System des jungen Hundes, das sich schon im Mutterleib fast vollständig entwickelt hat, reift

Auch ein sporttreibender Briard braucht noch lange kein Leistungsfutter

beispielsweise der Bewegungsapparat erst später aus. So sind nach der Geburt zwar sämtliche Knochen beim Welpen angelegt und vorhanden, bestehen aber überwiegend noch aus Knorpel, also einem Gewebetyp, der zwar sehr elastisch ist, jedoch nur eine geringe Festigkeit hat. Dieses bindegewebige Gerüst wandelt der Organismus nach und nach zum tragfähigen Knochen um, indem er Mineralstoffe – vor allem Kalzium und Phosphor – einlagert. So entwickelt der Junghund im Laufe vieler Monate die biologisch notwendige Festigkeit seiner Knochen. Solange bleibt den noch nicht voll mineralisierten Knochen die Möglichkeit, weiter zu wachsen. Erst gegen Ende der Wachstumsperiode des Hundes verschließen sich die Wachstumsfugen der Knochen, die bis dahin ein Längenwachstum ermöglicht haben. Im gesamten Zeitraum der Knochenbildung muß also die Zusammensetzung der Nahrung optimal auf die Bedürfnisse des Knochenwachstums eingestellt sein.

Junge Hunde haben keinen Schutzmechanismus vor überhöhter Kalziumzufuhr mit der Nahrung wie erwachsene Tiere.

Unter dem Einfluß von Hormonen wird ein eventueller Kalziumüberschuß überwiegend in den Knochen eingelagert, was im Endeffekt zu einer gesteigerten und gleichzeitig gestörten Verknöcherung führt.

Die daraus resultierenden Skelettdeformierungen und Bewegungseinschränkungen sind im späteren Lebensalter nicht wiedergutzumachen. Die Empfehlung, Junghunden eine Kalziumergänzung – selbst bei Verwendung einer vollständigen und richtig bilanzierten Vollnahrung – zukommen zu lassen, ist wissenschaftlich nicht haltbar. Wegen der möglichen Gefahren ist die Gabe von kalziumreichen Nahrungsadditiven deswegen zu vermeiden.

- Wachsende Hunde haben einen höheren Energiebedarf.
- Das heranwachsende Skelett braucht mehr als doppelt so viele Mineralstoffe.
- Spezielle Welpennahrung deckt alle Bedürfnisse ab.

Fertignahrung ist hochwertig, sicher und bequem

Wie wir gesehen haben, benötigen Hunde sehr viele verschiedene Nährstoffe. Diese müssen nicht nur in der optimalen Menge, sondern auch im richtigen Verhältnis zueinander in der Nahrung sein. Hinzu kommen besondere Lebenssituationen wie Wachstum, Phasen hoher körperlicher Belastung, Trächtigkeit oder Alter. Jede dieser Situationen bringt veränderte Nährstoffansprüche mit sich. Verdaulichkeit und Schmackhaftigkeit des Futters sollen auch gewährleistet sein, damit der Hund den Napf leert.

Wollten wir unserem Hund selbst die tägliche Nahrung bereiten, hätten wir das alles zu beachten. Wir müßten den Gehalt der Ausgangsmaterialien an Eiweißen, Fetten, Mineralstoffen und Vitaminen genau kennen. Wer jedoch mißt die Menge essentieller Aminosäuren oder den Vitamingehalt eines Stückes Fleisch? Wieviel Kalzium ist denn nun in der Messerspitze Futterkalk enthalten? Und was ist mit der Zeit, die wir für die tägliche Futterration unseres vierbeinigen Freundes benötigen würden?

Am sichersten ist die Verwendung qualitativ hochwertiger Fertignahrung, wie sie von verantwortungsbewußten, erfolgreichen Züchtern empfohlen wird. Alle Nährstoffe sind in richtiger Menge und optimalem Verhältnis enthalten. Man kann genau portionieren, die Fütterung ist sauber, schnell und bequem.

Das deutsche Futtermittelrecht regelt die Zusammensetzung streng und genau. Es dürfen nur einwandfreie Rohmaterialien von gesunden Tieren und Pflanzen verwendet werden. Fertignahrung ist also der beste und sicherste Weg, unseren Hund richtig und gesund zu ernähren. Und schmecken wird es ihm ganz gewiß.

ALTERNATIVE MÖGLICHKEITEN EINER AUSGEWOGENEN ERNÄHRUNG

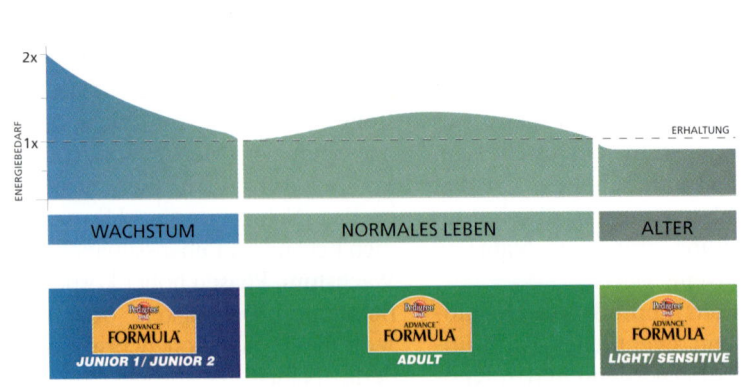

© EFFEM GmbH

WALTHAM ERNÄHRUNGSBERATUNG

- Futterselbstzubereitung ist kompliziert, zeitraubend und erfordert Spezialkenntnisse.
- Fertignahrung ist sicher, hat hohe Qualität und erfüllt alle Nährstoffansprüche des Hundes.

Wichtige Tips zur Fütterung Ihres Hundes

1. Bei der Verwendung von Fertignahrungsmitteln, die als „Alleinfutter" deklariert sind, erhält Ihr Hund alle lebensnotwendigen Nährstoffe in ausgewogener Zusammensetzung für ein langes, gesundes Hundeleben.
2. Verwenden Sie als Milchersatz für Saugwelpen nur spezielle Welpenmilchprodukte, Kuhmilch ist auf keinen Fall zu empfehlen, da sie nicht eiweiß- und fettreich genug ist und zu Durchfällen führen kann.
3. Achten Sie darauf, Futterumstellungen langsam und schrittweise über 5 Tage durchzuführen, so

daß sich der Verdauungstrakt des Hundes an die neue Nahrung gewöhnen kann.
4. Füttern Sie stets zur gleichen Zeit und möglichst am gleichen Ort, weder zu heiß noch zu kalt (nicht direkt aus dem Kühlschrank).
5. Füttern Sie ihrem Hund nur die Menge, die er auch auffrißt, keine Futterreste stehenlassen.
6. Frisches Wasser zum Trinken sollte Ihr Hund stets zur Verfügung haben.
7. Füttern Sie Fleisch bitte nur in abgekochtem Zustand, bei der Fütterung von rohem Fleisch besteht Infektionsgefahr.
8. Bei der Verwendung eines hochwertigen Fertigfutters brauchen Sie keinerlei Zusatzstoffe oder Ergänzungsfuttermittel zusätzlich zu füttern.
9. Bei älteren Hunden ist die Futtermenge in 2–3 Mahlzeiten aufzuteilen. Die verwendeten Eiweiße müssen hochwertig und hochverdaulich sein.

Gesundheit

Vorbeugen ist besser als Heilen

Artgerechte Haltung, Pflege und Ernährung sind Voraussetzungen für die Gesundheit. Das seelische Wohlbefinden des Hundes ist so wichtig wie das körperliche. Der gesunde Hund nimmt aufmerksam und lebhaft Anteil an seiner Umgebung. Er ist kräftig und ausdauernd. In der Ruhe atmet er 10- bis 20mal, das Herz schlägt 70- bis 100mal in der Minute. Die Körpertemperatur liegt um 38,5 °C. Gesundheit ist nicht nur „Freisein von Krankheiten", sie schließt auch Widerstandskraft gegen Infektionen ein.

Das Fell des Briards schützt nicht nur gegen Wind und Wetter, sondern gibt zugleich auch Aufschluß über Pflege- und Gesundheitszustand des Hundes. Entgegen dem äußeren Eindruck ist das Briardfell in der Regel nicht übermäßig pflegeintensiv. Probleme bekommen meist nur jene Briardbesitzer, die ihren Hund nicht regelmäßig oder nur oberflächlich bürsten. Hat der Hund nicht das gewünschte trockene, ziegenhaarartige Fell, sondern ein sehr weiches, welches sich eventuell dann noch mit dichter Unterwolle und starker Länge paart, so erfordert dies mehrmals in der Woche Pflegebemühungen. Ansonsten ist wöchentliches Bürsten mit einem Striegel beim erwachsenen Briard meist ausreichend. Im Junghundalter dagegen kann es immer wieder Phasen geben, in denen der Briard in kürzeren Abständen gepflegt werden muß.

Kämmen bedeutet nicht einfach, das Deckhaar schön ordentlich glattzustriegeln. Vielmehr müssen die Zähne von Striegel oder Kamm bis auf die Haut hinunter geführt werden (ohne aber auf dieser zu kratzen), um lose Unterwolle und totes Haar wirklich auszukämmen. Regelmäßiges Bürsten ist für das Wohlbefinden des Briards absolut notwendig. Schmutz wird entfernt, die Durchblutung der Haut wird angeregt, das Fell wird durchlüftet, sich anbahnende Filzknoten können rechtzeitig entfernt und Parasitenbefall entdeckt werden.

Erfährt das Fell jedoch nicht regelmäßig die Pflege, die es von seiner Struktur her braucht, verwandelt sich auch ein Briard mit allerbesten Fellanlagen schnell in einen total verfilzten Streuner. Die Pflege eines Briards ist keine Geschmacks-

Fellpflege leicht-
gemacht

frage eines schöneren Aussehens, sondern eine Frage der Verantwortung für den Hund. Verfilzte Hunde fühlen sich äußerst unwohl, es juckt überall, und Parasiten finden dort die besten Lebensbedingungen. Dann hilft meist nur noch das Scheren.

Wichtig ist auch die Kontrolle der Zehen- und Ballenzwischenräume. Dort sollte das Fell grundsätzlich kurzgehalten werden. Im Winter verklumpt das Fell zwischen den Ballen leicht mit dem Schnee, so daß der Hund kaum auftreten kann, im Sommer nisten sich gerne Grannen in den Zehenzwischenräumen ein und wachsen in die Haut hinein, was zu schmerzhaften Entzündungen führt.

Briards sollten nicht gebadet werden, da dies den schützenden Säuremantel der Haut zerstört. Ist ein Bad unumgänglich, weil er sich nach Hundeart in Mist, Aas oder Kot gewälzt hat, sollte ein Hundeshampoo oder ein mildes Haarwaschmittel, wie z. B. Babyshampoo, verwendet werden. Dieses muß gründlich ausgespült werden. Dann wird das Fell durchfrottiert, und der Hund darf sich an einem zugfreien Platz trockenliegen.

Der Briard sollte von Welpenbeinen an täglich sanft an die Fellpflege gewöhnt werden, so daß diese für ihn nicht zu einer Stunde der Qual, sondern zu einer angenehmen Angelegenheit wird. Eine Pflegeeinheit bei einem erwachsenen Briard kann auch bei wöchentlicher Pflege durchaus zwei Stunden dauern, in denen der Hund ruhig zu liegen hat. Niemand kann an einem Kampf mit 35 Kilo gelegen sein, die sich energisch gegen die Bearbeitung wehren! Das Fell ist immer auch ein Barometer für den Gesundheitszustand des Hundes. Alarmzeichen sind stumpfes Haar, ständiger Haarausfall, starker Geruch, gerötete, nässende oder schuppende Haut. In diesen Fällen sollte der Tierarzt aufgesucht werden.

Flöhe, Läuse und Haarlinge kann auch der gepflegteste Hund von einer Hundebegegnung mitbringen. Bei Juckreiz sollte als erstes das Fell auf kleine schwarze Krümel – den Parasitenkot – abgesucht werden, den man wesentlich leichter findet als Rötungen infolge der Flohstiche. Lieblingssitze der ungebetenen Gäste sind die Innenflächen der Hinterbeine, die „Achselhöhlen" und die Ohrmuscheln. Bei leichtem Befall genügt ein Flohpuder oder -spray. Wirksamer sind Waschlösungen, die das Fell bis auf die Haut benetzen. Es gibt auch ein Präparat, das auf die Haut des Hundes getropft wird und von dort in den Blutkreislauf des Hundes gelangt. Sobald ein Floh den Hund ansaugt, nimmt er somit vergiftetes Blut auf und verendet. Der Hund darf es sich nicht ablecken, der Mensch muß sich mit Körperkontakt zum Hund zurückhalten. Aufgrund der starken toxischen Wirkung sollte dieses Präparat aber nur bei sehr starkem, hartnäckigem Flohbefall angewandt werden. „Anti-Floh-Halsbänder" geben bis zu vier Monaten gas- oder puderförmige Wirkstoffe ab. In Hundehütten können bei einigen Halsbändern Giftgaskonzentrationen auftreten, die auch für den Hund bedenklich sind. Manche Halsbänder verlieren zudem durch Nässe an Wirksamkeit. Seit neuestem ist ein vielversprechendes Produkt auf dem Markt, das für den Hund (und seinen Menschen) völlig unschädlich ist. Es verhindert die Chitinsynthese des Flohs, die für dessen Fortpflanzung nötig ist. Der Hund erhält einmal monatlich eine Tablette. Man sollte damit möglichst im Frühjahr beginnen und dem Hund über 6 Monate jeden Monat eine Tablette geben. Dieses Produkt wirkt im wesentlichen gegen die Weitervermehrung der Flöhe. Bei Flohbefall muß immer das Lager des Hundes mitbehandelt werden. Moderne Spezialmittel töten dabei nicht nur „erwachsene" Flöhe, sondern stoppen auch die weitere Entwicklung der Flohlarven. Generell ist sowohl vor einem zu laxen Umgang mit Flohbefall, aber auch vor dem Einsatz von zuviel Chemie zu warnen. Zahlreiche wissenschaftliche Untersuchungen konnten nachweisen, daß die verbreiteten Mittel nicht nur dem Hund, sondern auch seinem Menschen gefährlich werden können. Viel Chemie kann man sich ersparen, indem man alles, was waschbar ist, bei mindestens 60 Grad wäscht und die gesamte Wohnung gründlichst saugt, einschließlich aller Fugenritzen, Fußleisten etc. Der Staubsaugerbeutel sollte anschließend in einer gut verschlossenen Tüte entsorgt werden. Dampfreinigungsgeräte erzielen ebenfalls gute Erfolge. Zur Flohbehandlung gehört immer auch eine Bandwurmkur, da

Flöhe die Zwischenwirte von Bandwürmern sind.

Zecken breiten sich seit einigen Jahren im gesamten mitteleuropäischen Raum verstärkt aus und bilden eine deutlich zunehmende Gefahr. Zecken werden von Gräsern und niedrigen Gebüschen vom Hund abgestreift, beißen sich in der Haut fest und saugen sich mit Blut voll. Sie sehen dann wie prallgefüllte, graubraune, bis zu kirschkerngroße Säckchen aus. Je länger sie saugen, desto größer ist in bestimmten verseuchten Gegenden die Gefahr, daß eine für Hunde gefährliche Infektionskrankheit, die Borreliose, übertragen wird.

Die Borreliose ist eine besonders heimtückische Krankheit, weil sie häufig zu spät entdeckt wird. Im Anfangsstadium sieht man höchstens eine sich ausbreitende Rötung um die Stichstelle. Daran schließt sich eine grippeähnliche Phase, eventuell mit Fieber verbunden, an. Danach erst zeigt der Hund wechselnde Lahmheiten.

Anfangs glaubt man, es habe sich lediglich um ein kurzfristiges Unwohlsein gehandelt, der Hund habe sich lediglich vertreten. Doch im fortgeschrittenen Stadium kommt es zu einem Krankheitsschub: wiederkehrende Gelenkentzündungen, unlokalisierbare Schmerzen, Störungen im Nervensystem, Nierenerkrankungen, Verhaltensstörungen.

Ein unerklärliches Lahmen des Hundes, aber auch das Auffinden kreisrunder, geröteter, wandernder Stellen um einen Zeckenbiß herum sollten Anlaß sein, das Blut auf Antikörper gegen Borrelien untersuchen zu lassen, die Borrelien selbst lassen sich bislang nicht nachweisen. Frühzeitig erkannt, kann durch den Einsatz von Antibiotika Schlimmeres verhindert werden.

Man sollte den Hund besonders in Frühjahr und Herbst nach jedem Spaziergang, insbesondere wenn er durch Wald oder Wiesen führte, nach Zecken absuchen. Die Zecken krabbeln meist mehrere Stunden auf dem Hund herum, bevor sie sich festbeißen.

Neuesten Erkenntnissen zufolge überträgt die Zecke erst nach ca. 24stündigem Aufenthalt auf dem Hund die Borrelien. Ein tägliches Absuchen des Hundes auf Zecken ist also eine wesentliche prophylaktische Maßnahme. Findet man eine bereits festgebissene Zecke, sollte diese sofort entfernt werden, da dann die Chancen um so größer sind, eine Vergiftung des Hundes mit Borrelien zu verhindern. Sie dürfen aber nicht einfach ausgerissen werden, weil dabei die Beißwerkzeuge in der Haut steckenbleiben und Entzündungen verursachen können. Am besten erfaßt man die Zecke mit einer Spezialpinzette und hebelt sie drehend aus der Haut

heraus. Entgegen früheren Ratschlägen sollte man die Zecken unter keinen Umständen mit Alkohol oder Öl betäuben, da dies den Ausstoß des Zeckengiftes beschleunigt. Inzwischen gibt es, allerdings nur beim Tierarzt, ein Anti-Zecken- und -Flohhalsband, das den Befall mit Zecken weitgehend und das Blutsaugen sicher verhindern soll. Als prophylaktische chemiefreie Maßnahmen kann dem Hund auch Knoblauch gefüttert werden, und/oder man kann ihm ätherische Öle wie z. B. Lavendel- oder Eukalyptusöl einmassieren. Bei vielen Hunden erreicht man damit zumindest eine Reduktion des Zeckenbefalls.

Die Ohren sollten wöchentlich kontrolliert werden. Abgestorbene Haare im Ohr faßt man zwischen Daumen und Zeigefinger und zieht sie hinaus. Manche Briards haben einen so starken Haarwuchs im Ohr, daß es sich empfiehlt, diese auszuzupfen oder zumindest zu kürzen, weil sie ansonsten in Verbindung mit dem Ohrenschmalz leicht die Auslüftung des Ohrs behindern können. Zum Reinigen eignet sich ein mit speziellem Ohrenreiniger getränkter Wattebausch, mit dem das Ohr ausgerieben wird. Von der Verwendung von Wattestäbchen ist abzuraten, da sie das Ohrenschmalz in der Tiefe zusammenstopfen, eventuell gar das Trommelfell verletzen können. Dunkle, übelriechende

Beläge im Ohr zeigen eine Entzündung an. Meist wird sich der Hund dann auch am Ohr oder – scheinbar – am Halsband kratzen und den Kopf schütteln. Ursache des „Ohrenzwanges" können Ohrenmilben, Grasgrannen oder andere Fremdkörper sowie Bakterien und Pilze sein. Wenn zwei- bis dreimalige gründliche Reinigung mit dem Ohrreiniger keine Besserung bringt, ist eine gezielte Behandlung durch den Tierarzt erforderlich.

Die Augen werden mit einem Stückchen Mullbinde oder einem Taschentuch vom „Schlaf" gereinigt. Fusseln von Watte oder Papiertaschentüchern reizen die Schleimhäute. Bindehautentzündungen können auch durch Zugluft, Staub oder starke Sonne verursacht werden. Schneidet man einem Briard, der es sein Leben lang gewohnt gewesen ist, einen „Schleier" vor den Augen zu tragen, die Haare über den Augen plötzlich gänzlich kurz, so kann auch dies zu einer Bindehautentzündung führen. Anzeichen dafür sind mehr Tränenfluß als üblich, eine gerötete Bindehaut, Lichtscheuheit bis hin zu stetig zugekniffenem Auge. Zur Linderung werden Augentropfen in den heruntergezogenen Bindehautsack geträufelt. Borwasser wird heute nicht mehr verwendet, weil feine Kristalle als Fremdkörper wirken können. Länger andauernder wäßriger, schleimiger oder eitriger Augenausfluß sollte nicht mit Hausmitteln kuriert werden. Es könnte eine Infektion vorliegen. Wucherungen auf der Rückseite der Nickhaut müssen meist operativ behandelt werden.

Die Zähne werden durch nachgiebige Kaumaterialien wie Ochsenziemer, Baumwollknoten etc. gereinigt. Zähneputzen kann die Bildung von Zahnstein zumindest hinauszögern. Zur Entfernung weicher Beläge eignet sich am ehesten ein Wattebausch, getränkt mit dreiprozentiger Wasserstoffsuperoxydlösung. Zahnstein ist ein fest anhaftender brauner Belag aus verhärteten Salzen. Fauliger Mundgeruch durch Zahnfleischentzündungen und -vereiterungen sowie Zahnausfall sind die Folgen. Zahnstein sollte frühzeitig fachkundig entfernt werden. Lose Zähne müssen gezogen werden. Nach Entfernung der Eiterherde wird sich der Hund auch allgemein wohler fühlen, denn sie können den Körper vergiften und zum Beispiel chronische Herzklappenentzündungen auslösen. Auch Milchhakenzähne, die beim Zahnwechsel nicht ausfallen, müssen gezogen werden. Sie können zu Stellungsfehlern im bleibenden Gebiß führen.

Die Analbeutel sollen eigentlich bei jedem Kotabsatz eine individuelle Duftmarke zur Revierkennzeichnung hinterlassen. Sekretstauungen verursachen Juckreiz, den der Hund

Beim Agility kann
der Briard zeigen,
was in ihm steckt

vergeblich durch Rutschen auf dem After zu beseitigen versucht. Dieses „Schlittenfahren" ist entgegen landläufiger Vermutung fast nie auf Wurmbefall zurückzuführen. Stark gefüllte Analbeutel müssen fachkundig ausgedrückt, vereiterte müssen tierärztlich behandelt werden.

Die Krallen werden bei regelmäßigem Auslauf auf hartem Untergrund ausreichend abgelaufen. Nur bei krankhaftem Hornwachstum oder Stellungsfehlern müssen sie geschnitten werden. Dabei darf der in der Kralle verlaufende, stark durchblutete Nerv nicht verletzt werden.

Der Briard hat als Besonderheit an den Hinterläufen sogenannte doppelte Afterzehen. Diese müssen in regelmäßigen Abständen mit einer Krallenzange gekürzt werden. Da sie über dem Boden schweben, laufen sie sich nicht ab. Werden sie nicht kurz gehalten, wachsen sie in einem Bogen, der dazu führen kann, daß der Briard mit seiner Afterkralle irgendwo hängenbleibt und sie sich schlimmstenfalls abreißt. Des weiteren besteht die Gefahr, daß die Afterkrallen in den Ballen hineinwachsen, was für den Hund äußerst schmerzhaft ist.

Verletzungen der Afterkrallen und der „Wolfskrallen" können stark bluten.

Erste Hilfe tut not

Hautverletzungen müssen genau inspiziert werden. Oberflächliche Abschürfungen und Schrunden können mit Hausmitteln behandelt werden. Auf jeden Fall werden im Bereich der Verletzungen die Haare mit einer gebogenen Schere kurz abgeschnitten. Sie verkleben sonst mit dem Wundsekret; Vereiterung ist die Folge. Die Wunde wird mit Wundgel, -spray oder -tinktur behandelt. Fetthaltige Salben behindern den heilungsfördernden Luftzutritt, Puder verkrustet.

Bei tieferen Wunden mit Durchtrennung der Haut sollte umgehend ein Tierarzt hinzugezogen werden. Bei Beißereien und Stacheldrahtverletzungen wird die Haut oft vom Körper losgerissen, so daß tiefe Taschen entstehen. Haare und Schmutz in der Tiefe der Wunde müssen soweit wie möglich entfernt werden. Von Fall zu Fall ist zu prüfen, ob eine „offene Wundbehandlung" oder eine Naht besser ist. Nur frische Wunden können mit Aussicht auf komplikationslose Heilung genäht werden.

Eine offene, aus der Tiefe nässende oder eiternde Wunde darf der Hund belecken. In allen anderen Fällen wird die Wundheilung behindert, weil die zarten Heilungszellen am Wundrand gestört werden. Das Belecken von Wunden und das Abreißen von Verbänden können durch einen Halskragen verhindert werden.

Wundstarrkrampf ist beim Hund selten. Impfungen sind daher nicht üblich. Zur Vorbeugung sollen

Wunden ausbluten und nicht luftdicht abgedeckt werden. Wenn größere Adern verletzt sind, kommt es zu andauernden, starken Blutungen. Häufig tritt Blut im Strahl aus. Dann muß zur Ersten Hilfe ein Druckverband angelegt werden. An ungünstigen Körperstellen wie am Kopf kann auch von Hand eine Kompresse aufgedrückt werden. Gliedmaßen können abgebunden werden, die Abbindung muß aber viertelstündlich kurz gelöst werden. In solchen Fällen ist stets umgehend tierärztliche Hilfe erforderlich.

Unfälle können auch zu inneren Verletzungen und Gehirnerschütterungen führen. Bei Bewußtseinstrübungen soll nie Flüssigkeit eingeflößt werden. Die Maulschleimhaut kann aber mit Kaffee, Tee oder auch einfach mit Wasser befeuchtet werden. Der Hund wird vorsichtig getragen oder seitlich mit tiefliegendem Kopf und herausgezogener Zunge auf einer Decke gelagert, die, von zwei Personen an den Ecken strammgezogen, auch als „Tragbahre" dient.

Am Unfallort sind meistens die Diagnose und vor allem eine wirksame Schockbehandlung erschwert. Telefonisch sollte zur Vermeidung unnötiger Wege und Zeiten ein dienstbereiter Tierarzt verständigt und umgehend aufgesucht werden.

Lahmheiten können viele Ursachen haben. Als erstes wird die Pfote untersucht. Dornen oder Splitter werden ausgezogen. Verfilzte Haare drücken zwischen den Ballen wie ein Stein im Schuh; sie werden daher vorsichtig ausgeschnitten. Wunde Stellen werden wie Hautverletzungen behandelt. Im Winter müssen Streusalzreste von den Pfoten abgewaschen werden.

Bei Krallenbettentzündungen können warme Kamillen- oder Seifenbäder Linderung bringen. Lose Krallenteile werden an der Bruchstelle beherzt abgeschnitten. In vielen Fällen ist ein Verband erforderlich. Er muß fachkundig angelegt werden, um Druckstellen zu vermeiden.

Bei Schwellungen, Prellungen und Verstauchungen kann das Fell des betroffenen Körperteils mehrmals täglich mit kaltem Wasser durchnäßt werden. Das wirkt wie ein Kühlverband, lindert den Schmerz und hemmt – frühzeitig angewendet – weitere Schwellungen. Wenn ein Bein überhaupt nicht belastet wird, besteht Verdacht auf Knochenbruch. Bei stark abnormer Beweglichkeit können die Gliedmaße durch eine Notschiene ruhiggestellt werden.

Andauernde, wiederkehrende oder sich verschlimmernde Bewegungsstörungen sind stets ein Fall für den Tierarzt. Das Humpeln auf einem Hinterbein wird nicht selten durch eine Ausrenkung der Kniescheibe oder durch Riß von Bändern bedingt, die operativ fixiert werden müssen. Bei unklaren Lahmheiten sollte stets ein Borrelioseverdacht abgeklärt werden.

Schließlich muß auch die Möglichkeit einer Hüftgelenksdysplasie (HD) bedacht werden. Wie viele Rassen ist auch der Briard von der HD bedroht. Dabei handelt es sich um eine Fehlentwicklung eines oder beider Hüftgelenke. Hüftgelenkspfanne und Oberschenkelkopf passen nicht ineinander, wodurch es zur Abflachung sowie zu Verformungen am Rand der Hüftgelenkspfanne und zu Verformungen am Oberschenkelkopf kommt. Der Gelenkschluß stimmt nicht. Die sich aus der fehlenden Passung ergebende ungünstige Biomechanik führt zu Reibungen, punktuellen Überbelastungen, zu Absplitterung von Knochenteilen, Knorpelablösungen. Durch die dauernd ungleichen Druck- und Zugbelastungen einzelner Gelenkbereiche sind die Hüftgelenke einem stärkeren Verschleiß ausgesetzt, der wiederum zur raschen Abnutzung des Gelenkknorpels führt. Es kommt zu einer Arthrose, die durch Einlagerung von Entzündungsherden zu einer Arthritis wird.

Eine schwere Hüftgelenksdysplasie äußert sich z. B. durch unsicheren und/oder lockeren Gang, schaukelnde Bewegungen, ständige Lahmheit oder Lahmheit nach Belastung, Probleme des Hundes beim Aufstehen oder Hinlegen, vorzeitiges Ermüden, Verweigerung von Sprüngen.

Man unterscheidet bei den Briards fünf HD-Grade: frei, Verdacht, leicht, mittel, schwer. Diese Grade beziehen sich jedoch auf das Ergebnis der röntgenologischen Untersuchung, nicht auf den Grad der tatsächlichen Beeinträchtigung eines Hundes. Es ist durchaus möglich, daß ein Briard mit dem Ergebnis HD-mittel vollkommen schmerzfrei lebt.

Durch gezielte Zuchtselektion ist es zwar in den vergangenen Jahren gelungen, die Zahl von Briards mit mittlerer oder schwerer HD zu reduzieren, doch läßt sich (wie bei anderen Rassen auch) keine starke Zunahme HD-freier Briards finden.

In der Entstehung der HD spielen Vererbungsfaktoren mit Sicherheit eine große Rolle, doch sind auch Ernährung und Aufzucht der Welpen von Bedeutung. Nahrung mit einem zu hohen Eiweiß-, Kalorien-, und Mineralgehalt, die zu schnellem Wachstum führt, begün-

Sozialkontakt zu anderen Hunden ist sehr wichtig

stigt die HD, da der Hund zu schnell ein Gewicht entwickelt, das die Gelenke noch gar nicht zu tragen vermögen. Gleiches gilt, wenn der Welpe und Junghund zu dick gefüttert wird. Aber auch übermäßige Beanspruchung des jungen Hundes, wie z. B. viele Sprünge, Treppensteigen, Klettern über die Schrägwand, Radfahren vor dem 12. Lebensmonat begünstigen HD.

In der Aufzucht des Welpen können Briardbesitzer schon Wesentliches zur Verhinderung der HD tun: Der Hund bekommt eine für den Skelettaufbau optimale Ernährung, es wird rigoros auf eine schlanke Linie geachtet, stärkere Belastungen werden vermieden. Beispielsweise wird der Welpe ins Auto hinein und wieder hinausgehoben, beim Treppensteigen, so lange es möglich ist (mindestens die ersten sechs Monate), getragen.

Tabu im ersten Lebensjahr sind auch ständige Sprünge über Hindernisse, Hürden etc. wie beim Agility oder das Überwinden der Schrägwand wie z. B. bei der Schutzhundeausbildung. Natürlich kann und soll der Hund über Baumstümpfe oder Bäche hüpfen. Er muß ja seine Geschicklichkeit erproben und Bewegungsabläufe üben. Beim richtigen Hundesport jedoch geht es über das gelegentliche Springen hinaus, und man sollte im ersten Jahr darauf verzichten. Danach ist gerade ein

Sport wie Agility eine wunderbare Gelegenheit, dem Hund Spaß und Bewegung zu verschaffen, die Bindung zum Hund zu vertiefen, seiner Intelligenz und seinem Tatendrang eine Beschäftigung zu bieten und die Unterordnung zu verbessern. Gemeinsames Joggen kommt dem ausgewachsenen Briard sehr entgegen, weil man so ein Tempo anschlägt, das dem natürlichen Rhythmus und der Geschwindigkeit des Hundes näher kommt als das bloße Spazierengehen. Als Konditionstraining für den erwachsenen Hund ist Radfahren auf Naturboden denkbar gut geeignet. Man fährt so schnell, daß der Hund einen flotten Trab gehen muß. Der Hund muß dabei unbedingt lernen, nicht zu ziehen, da dies negative Auswirkungen auf seine Hüftgelenke hat.

Ein Briardwelpe sollte nun nicht in Watte gepackt werden. Er braucht auch für die Ausbildung des Bewegungsapparates regelmäßige, aber eben mäßige Bewegung. Welpen laufen normalerweise begeistert mit und achten nicht selbst auf ihre Grenzen, so daß man leicht in Gefahr gerät, den Hund zu überfordern. Legt er sich aber mitten beim Spazierengehen hin, ist dies ein deutliches Anzeichen für eine Überforderung. Man sollte nicht auf einem Weitergehen bestehen, sondern ihn sich ausruhen lassen und für das nächste Mal einen kürzeren

Gang planen. Auch wenn der Briard schon schnell seine Normalgröße erreicht hat, heißt das nicht, daß er ausgewachsen ist, denn die Knochen sind noch weich und müssen sich erst stabilisieren. Deshalb fängt man mit kurzen Spaziergängen, ruhig mehrmals am Tag, an und steigert langsam deren Länge.

Jedem Briardbesitzer ist dringend anzuraten, seinen Hund zwischen dem 12. und 18. Lebensmonat röntgen zu lassen, da nur die Röntgenaufnahme eine sichere Diagnose erlaubt. Für die züchterischen Bemühungen zum Ausmerzen der HD ist es von größter Bedeutung, nicht nur die HD-Auswertungen der geplanten Deckpartner zu kennen, sondern auch jene der bisherigen Nachkommen. Wenn gesunde Tiere gehäuft HD-kranke Nachkommen zeugen, ist davon auszugehen, daß sie die entsprechenden Erbanlagen besitzen und weitervererben – solche Tiere müssen aus der Zucht genommen werden.

Für den Briardbesitzer ist es wichtig, sich eventuell frühzeitig darauf einstellen zu können, daß sein Hund entgegen dem äußeren Anschein nicht voll belastungsfähig ist.

Wer nach dem Röntgen seines Hundes die Diagnose erhält: HD-mittel oder HD-schwer, sollte von da an besonders Rücksicht auf seinen Hund nehmen. Die HD ist niemals heilbar, sie kann sich mit den

Jahren verschlimmern. Doch mittels optimaler Ernährung und Bewegung ist der Krankheitsverlauf aufzuhalten. Langsames Radfahren kann z. B. auch für einen erwachsenen, an HD leidenden Hund eine optimale Bewegungsmöglichkeit sein. Die Schonung des Hundes darf nämlich nicht zum Abbau der das Gelenk stützenden Muskulatur führen. Übergewicht ist selbstverständlich zu vermeiden. An HD leidende Hunde sollten nicht auf kalten und feuchten Böden liegen. Auch gibt es verschiedene Behandlungsmöglichkeiten, die aber in der Regel allein darauf abstellen können, eine möglichst weitgehende Beschwerdefreiheit zu erreichen. Methoden sind eine medikamentöse Therapie mit schmerzstillenden, knorpel- und knochenaufbauenden Präparaten. Auch unterstützende homöopathische Behandlungsformen können vielen Hunden helfen. Positive Erfahrungen mit einer Goldakupunktur werden aus Dänemark und den USA berichtet. Eine relativ einfache operative Methode ist die Durchtrennung des Pectineusmuskels, um den Zug, den dieser auf das Gelenk ausübt, abzubauen. Aufwendigere operative Verfahren sind chirurgische Korrekturen, die die Deckungsgleichheit zwischen Gelenkpfanne und Kopf zu verbessern versuchen sowie eine totale Hüftendoprothese.

Vergiftungen sind meist „Unglücksfälle" und nur selten böse Absicht. Rattengift kann bei unsachgemäßem Auslegen direkt, aber auch mit vergifteten Nagetieren aufgenommen werden. Meist handelt es sich um Cumarinpräparate, die zu inneren Blutungen führen. Vorsicht ist auch bei Schädlings- und Unkrautbekämpfungs- sowie bei Frostschutzmitteln geboten. Hochgiftige Thallium-, Zinkphosphid- und Arsenzubereitungen, Blausäure und Strychnin sind heute gottlob kaum noch erhältlich. Die besten Überlebenschancen bestehen, wenn man „nach frischer Tat" das Gift wieder aus dem Magen herausbefördern kann. Der Tierarzt kann Erbrechen durch eine Spritze auslösen, der Laie durch Eingeben von zwei bis drei Teelöffeln Salz. Nach dem Erbrechen kann eine Aufschwemmung von etwa zehn Kohlekompretten eingeflößt werden. Milch wird nicht gegeben, weil verschiedene Gifte fettlöslich sind. Etwa vorhandene Hinweise auf die Art des Giftes ermöglichen eine rechtzeitige, gezielte tierärztliche Behandlung. Ungewisser sind die Aussichten, wenn Vergiftungsfolgen wie Krämpfe, Mattigkeit oder Brechdurchfall schon eingetreten sind, die Ursache aber nur vermutet werden kann. Eine genaue Diagnose ist oft erst durch Spätschäden wie Blutungen oder Haarausfall möglich. Dann kann es für eine Rettung bereits zu spät sein.

Durchfall ohne Fieber ist häufig durch einen Fastentag zu bessern. Der Hund erhält ausschließlich verdünnten Tee mit einer Prise Salz, aber ohne Zucker. Keinesfalls darf Durchfall durch Wasserentzug „behandelt" werden; der Körper würde zu stark austrocknen. Zusätzlich ist es nie verkehrt, eine Aufschwemmung von Kohlekompretten einzugeben. Am zweiten Tag erhält der Hund in kleinen Portionen ein Diätfutter, zum Beispiel gekochten Reis mit Hüttenkäse oder gekochtem Hühnchenfleisch. Am dritten Tag muß der Durchfall deutlich gebessert sein.

Verstopfungen sollten grundsätzlich vom Tierarzt abgeklärt werden.

Erbrechen ist keine selbständige Krankheit. Einmaliges Erbrechen kann durch zu hastiges Fressen, zu kaltes Futter oder Aufnahme von Fremdkörpern ausgelöst werden. Gelegentliches Erbrechen ist beim Hund ohne große Bedeutung. Um zu erbrechen, frißt der Hund häufig Gras. Geschieht das regelmäßig oder wird ständig das Futter erbrochen, muß ein Tierarzt hinzugezogen werden. Auch Durchfall und Erbrechen mit Fieber sind kein Fall für Hausmittel, vielmehr sollte der Tierarzt aufgesucht werden.

Scheinschwangerschaft tritt bei manchen Hündinnen in den acht

Friedliches
Zusammenleben mit
anderen Haustieren

Wochen nach der Läufigkeit auf. Sie fressen schlecht und erbrechen gelegentlich. Das Gesäuge schwillt, Milch bildet sich. Sie sind unruhig, „bemuttern" irgendwelche Gegenstände. Abhilfe schafft häufig wenig Fressen und Trinken bei viel Bewegung und Beschäftigung. Das Gesäuge kann mehrmals täglich mit kaltem Wasser befeuchtet werden, um Schwellung und Milchproduktion zu hemmen. Keineswegs soll die Milch ausgedrückt werden. Damit würde nur die weitere Milchbildung angeregt. Bei sehr starker Gesäugeschwellung und trotz Hausmitteln nicht nachlassenden Erscheinungen muß der Tierarzt verständigt werden.

Insektenstiche, vor allem durch das Schnappen nach Wespen und

Gesundheit

Bienen verursacht, können schnell zu erheblichen Schwellungen am Kopf oder, noch schlimmer, im Rachen führen.

Äußerliche Kühlung mit Eiswürfeln und eine Tablette gegen Allergie – falls zur Hand – ersparen nicht die möglichst rasche tierärztliche Behandlung.

Alarmzeichen

Fieber ist eine Abwehrreaktion des Körpers, meist auf Infektionen. Die Hundenase kann auch beim kranken Hund feucht und kühl sein. Die Temperatur muß mit einem Fieberthermometer im Mastdarm gemessen werden. Sie darf nicht über 39 °C liegen, aber auch Untertemperaturen (unter 37,5 Grad) sind bedenklich.

Husten, als ob ein Knochen im Hals säße, tritt bei Mandelentzündungen auf. Ernstere Infektionen wie Zwingerhusten oder gar Staupe können auch vorliegen. Pumpende Atmung entsteht durch eine Lungenentzündung, aber auch durch Wasseransammlung in der Lunge, zum Beispiel infolge von Vergiftungen.

Bei alten Hunden kann der damit verbundene Husten auch auf eine Herzschwäche zurückzuführen sein. Bauchpressen und Aufblasen der Backen sind Zeichen höchster Atemnot.

Schleimhäute im Auge und im Fang geben Hinweis auf innere Erkrankungen: Blässe deutet auf Blutarmut hin, Gelbfärbung auf Leberschäden mit Gelbsucht, Blutungen auf schwere Infektionen oder Vergiftungen, eine bläuliche Färbung tritt bei Herz- und Kreislaufschwäche auf.

Kot und Urin mit Blutbeimengungen lassen krankhafte Veränderungen vermuten. Bei Blutungen im Magen und in den vorderen Darmabschnitten kann der Stuhl durch das verdaute Blut pechschwarz aussehen. Nierenerkrankungen können auch mit erhöhtem Durst verbunden sein. Wenn Mattigkeit und Mundgeruch hinzukommen, ist meist bereits eine Harnvergiftung eingetreten. Harnsteine, Blasenriß oder Vergiftungen können dazu führen, daß überhaupt kein Urin mehr abgesetzt wird; dann besteht höchste Gefahr. Geschwülste, Prostatavergrößerungen und Mastdarmveränderungen erschweren den Kotabsatz. Verhärtete Knochenteile können den Enddarm völlig verstopfen. Erbrechen und zunehmende Mattigkeit bei fehlendem Kotabsatz sprechen für Darmverschluß oder einen Fremdkörper im Darm.

Speicheln wird im harmlosesten Fall durch Fremdkörper in der Maulhöhle oder durch lose Zähne verursacht, bedenklicher wäre eine E 605-Vergiftung oder Pseudowut, schlimmstenfalls ist an Tollwut zu denken.

Umfangsvermehrungen des Bauches bei sonst normalem Ernährungszustand oder zunehmende Abmagerung können durch Tumore oder Bauchhöhlenwasser hervorgerufen werden. Bei einer Gebärmuttervereiterung besteht gleichzeitig fast immer starker Durst, gelegentlich auch Scheidenausfluß. Ursache der Umfangsvermehrung kann aber auch eine Magendrehung sein. Der Briard zeigt (wie viele größere Rassen mit tiefem Brustkorb) eine Anfälligkeit für die Magendrehung. Bei einer Magendrehung kommt es zu einer Drehung des Magens um sich selbst und zu einer gleichzeitigen Aufgasung. Der Effekt ist dem vergleichbar, wie wenn man einen Schlauch um seine Achse schleudert: Beide Enden werden verschlossen. Arterien und Venen werden abgeklemmt, wodurch das verbrauchte Blut nicht mehr abfließen kann. Die Zufuhr sauerstoffhaltigen Blutes wird behindert. Da der Sauerstoff fehlt, kommt der Stoffwechsel der Magenzellen zum Erliegen. Damit versiegt auch die Magensaftsekretion, so daß vorhandene Bakterien nicht mehr abgetötet werden. Diese zersetzen den Mageninhalt, wodurch sich Gase bilden, die den Magen aufblähen. Der aufgeblähte Magen drückt nun auf die anderen Organe wie Herz, Lunge, Zwerchfell und behindert die Blutzirkulation, wodurch das Herz unterversorgt wird, und es kommt zum Kreislaufschock. Unter dem Druck kann die Magenwand reißen, Blut und Mageninhalt fließen in die Bauchhöhle.

Die Symptome sind: Würgen ohne Erbrechen, zunächst beschleunigte Atmung, allgemeine Unruhe des Hundes, aufgetriebener Bauch, häufig eine gespannte Beule hinter dem Rippenbogen, eine gespannte und harte Bauchdecke. Dem Hund fällt das Atmen immer schwerer, der Puls wird flach, der Hund kann sich nicht mehr auf den Beinen halten. Der Hund erlebt Panik und starke Schmerzen.

Er muß schnellstens zum Tierarzt gebracht werden, der in der Regel rasch eine Operation vornimmt. Es muß jedoch damit gerechnet werden, daß diese den Hund nicht mehr retten kann. Auch ist es möglich, daß der Hund die Operation überlebt, aber zwei Tage später an Kreislaufversagen stirbt. Hat man auch nur den leisesten Verdacht auf eine Magendrehung, sollte unverzüglich der Tierarzt aufgesucht werden, um soviel Zeit wie möglich zu gewinnen.

Bei Hunden, die einmal eine Magendrehung gehabt haben, besteht die Gefahr, daß sich dies wiederholt. Wird der Magen jedoch im Bauch festgenäht, verringert dies die Gefahr in der Zeit nach der Operation erheblich.

Wodurch die Magendrehung ausgelöst wird, ist noch immer nicht ganz geklärt. Von Bedeutung sind z. B. konstitutionelle Faktoren wie der tiefe Brustraum des Briards, der dem Magen entsprechende Schwingungen erlaubt, aber auch die Füllung des Magens.

Das Risiko einer Magendrehung läßt sich am ehesten durch vier Maßnahmen verringern: Das Futter sollte auf mindestens zwei tägliche Mahlzeiten verteilt werden, damit der Magen nicht überfüllt wird, der Hund sollte am übermäßigen Trinken gehindert werden, da auch dieses den Magen zu prall füllen kann, und vor allem sollte der Hund nach der Mahlzeit mindestens 2 Stunden ruhen. Bei einem Hund mit Familienanschluß schließlich besteht die Chance, die Magendrehung frühzeitig zu bemerken, Zwingerhunde dagegen werden häufig morgens nur noch tot im Zwinger gefunden oder aber so spät, daß sie nicht mehr gerettet werden können.

Infektionen bedrohen die Gesundheit

Staupe und ansteckende Leberentzündung (Hepatitis) sind Viruskrankheiten, die für Junghunde besonders gefährlich sind, aber auch ältere Hunde befallen. Staupe beginnt mit einem häufig kaum merkbaren, kurzen Fieber, dem nach etwa acht Tagen eine schwere Lungenentzündung mit eitrigem Augen- und Nasenausfluß oder ein Durchfall folgt.

Eine besondere Verlaufsform ist mit einer Verhärtung der Ballen verbunden. Nach scheinbarer Besserung treten nervöse Erscheinungen bis hin zu Krämpfen auf, die meistens zum Tod führen.

Nach überstandener Staupe bleibt häufig ein nervöses Zucken der Kopfmuskeln, der „Staupetick", nach Erkrankungen im Junghundealter das „Staupegebiß" mit erheblichen Zahnschmelzdefekten zurück.

Die ansteckende Leberentzündung verläuft ähnlich, mit hohem Fieber, Apathie und Appetitlosigkeit. Hornhauttrübungen können bleibende Folgeschäden sein.

Stuttgarter Hundeseuche (Leptospirose) wird durch Bakterien verursacht und von Hund zu Hund übertragen. Sie beginnt häufig mit einer Schwäche in den Hinterbeinen. Geschwüre im Maul, Magen und Darm sind mit aasartig-faulem Maulgeruch und blutigem Durchfall verbunden.

Tollwut tritt bei Hunden nur noch selten auf. Die Seuche wird vor allem durch Füchse übertragen. Hinweisschilder warnen in gefährdeten Gebieten vor Tollwut.

Die Krankheit ist besonders tückisch: Die typischen Wuterscheinungen mit heiserem Gebell, Wasserscheue, Unruhe und unmotivierter Beißwut fehlen häufig. Die „stille Wut" ist im Anfangsstadium schwer zu erkennen. Ein erkranktes Tier stirbt immer.

Parvovirose ist eine Viruskrankheit, die sich bei Hunden aller Altersgruppen in schweren, durch Erbrechen und Durchfall gekennzeichneten Erkrankungen äußert. Bei Welpen kann plötzlicher Herztod auftreten. Der Erreger ähnelt dem Katzenseuchevirus; eine wechselseitige Ansteckung zwischen Hund und Katze ist jedoch nicht möglich.

Die Ansteckung erfolgt über Ausscheidungen von Hund zu Hund, aber auch durch Verschleppung angetrockneter Ausscheidungen, zum Beispiel an Kleidungsstücken.

Impfungen schützen vor diesen Infektionskrankheiten

Welpen in gefährdeten Zuchten oder ungeimpfte Hunde mit verdächtigen Krankheitserscheinungen können mit einem Serum behandelt werden, das fertige spezifische Abwehrstoffe enthält. Diese „passive Immunisierung" schützt aber nur für zwei bis drei Wochen. Der Käufer eines Hundes sollte den Impfpaß daraufhin genau prüfen.

Länger dauernden Schutz vermittelt nur die „aktive" Schutzimpfung.

Dabei werden abgeschwächte oder abgetötete Infektionserreger eingeimpft. Der Körper reagiert darauf mit der Bildung eigener Abwehrstoffe. Bei den heute üblichen Kombinationsstoffen kennzeichnen die Buchstaben S, H, P, L und T die Wirksamkeit gegen die in Frage kommenden Seuchen.

Welpen werden mit sechs bis acht Wochen das erste Mal geimpft und müssen dann mit etwa zwölf Wochen nach Impfplan nachgeimpft werden. Heute wird im allgemeinen eine separate Parvoviroseimpfung favorisiert, da vermehrt Impfdurchbrüche bei Kombinationspräparaten zu beobachten sind. Wenn die Briardwelpen mit 8 Wochen abgegeben werden, müssen sie gegen Staupe, Leptospirose, Hepatitis und Parvovirose geimpft sein. Diese Impfung ist unbedingt in der 12. Lebenswoche aufzufrischen, wobei Tierärzte vermehrt einen Extraimpftermin gegen Parvovirose vereinbaren.

Manche Tierärzte impfen bereits in der 12. Lebenswoche gegen Tollwut, andere erst später. Eine Tollwutimpfung gehört auf jeden Fall in den Impfplan. Auch ist zu prüfen, ob eine Impfung gegen Zwingerhusten angebracht ist. Beim Zwingerhusten lösen Viren und Bakterien gemeinsam Entzündungen von Luftröhre und Bronchien aus.

Zwingerhusten äußert sich anfangs durch würgendes Husten,

ähnlich dem Keuchhusten bei Kindern.

Sekundärinfektionen können den Krankheitsverlauf verschlimmern. Zwingerhusten ist hochgradig ansteckend. Deswegen können sich Hunde leicht auf Hundesportplätzen, beim Spaziergang auf der Hundewiese etc. anstecken.

Eine Impfung kann zwar eine Ansteckung nicht sicher verhindern, doch hat ein solcher Hund zumindest einen weniger schwierigen Krankheitsverlauf.

Der einmal gebildete Impfschutz baut sich im Laufe der Zeit ab. Kommt der Hund mit betreffenden Seuchenerregern in Berührung, so wird die Antikörperbildung aufgefrischt. Ist der Impfschutz aber bereits zu stark abgesunken, kann der Hund erkranken. Deshalb sind

Immer zum Spielen
aufgelegt

Auffrischungsimpfungen im Abstand von ein bis zwei Jahren erforderlich.

Gegen die seit einiger Zeit wieder in bedrohlichem Umfang auftretende Staupe ist die **jährliche** Impfung dringend zu empfehlen, zumal bei einigen Kombinationsimpfstoffen der Staupeschutz ein Schwachpunkt zu sein scheint.

Ein sicherer Impfschutz des Hundes ist auch für den Menschen wichtig. Erkrankte Hunde können Leptospiren übertragen, die beim Menschen das „Canicola-Fieber" oder die „Weilsche Krankheit" hervorrufen. Hundetollwut ist wegen des engen Kontaktes für Menschen viel gefährlicher als Wildtollwut. Geimpfte Hunde übertragen keine Tollwut. Nach einem Kontakt mit verdächtigem Wild brauchen sie deshalb auch nicht getötet zu werden, wie dies für ungeimpfte Hunde gesetzlich vorgeschrieben ist. Schließlich können sie auf Auslandsreisen mitgenommen werden.

Gegen andere Infektionen schützt Vorsicht

Toxoplasmose wird durch einzellige Schmarotzer hervorgerufen. Ihr Stammwirt ist die Katze. Bei anderen Tieren werden ansteckungsfähige Dauerformen gebildet. Hunde erkranken überwiegend durch infiziertes Schweinefleisch. Für die An-

steckung des Menschen wurden sie früher zu Unrecht verantwortlich gemacht.

Aujeszkysche Krankheit wird ebenfalls durch Schweinefleisch übertragen. Unstillbarer Juckreiz, Unruhe, Ängstlichkeit und Speichelfluß haben gewisse Ähnlichkeit mit Tollwut. Die Krankheit wird daher auch „Pseudowut" genannt. Die beste Vorsichtsmaßnahme ist die, auf Schweinefleisch und rohes Rindfleisch grundsätzlich zu verzichten. Auch bei getrockneten Schweineohren ist nach neuesten Erkenntnissen Vorsicht angebracht, da auch sie bei unsachgemäßer Herstellung den Erreger übertragen können. Fertigfutter ist dagegen unbedenklich.

Wurmkuren gegen unerwünschte Kostgänger

Spulwürmer können bei Junghunden zu Verdauungs- und Entwicklungsstörungen, zu Vergiftungserscheinungen und sogar zum Tod führen. Fast alle Welpen werden im Mutterleib mit Spulwürmern infiziert. Die ersten Wurmkuren soll schon der Züchter durchführen. Junghunde werden vierteljährlich entwurmt. Ältere Hunde beherbergen nur noch einzelne Würmer. Sie richten zwar keinen großen Schaden an, sind aber eine ständige Infektionsquelle. Hündinnen sollten zumindest sechs Wochen nach jeder Läufigkeit,

Rüden mindestens einmal jährlich entwurmt werden. Bei festgestelltem Wurmbefall ist eine sofortige Entwurmung mit einer Wiederholungsbehandlung nach zwei bis drei Wochen erforderlich. Rohe Möhren garantieren keine Wurmfreiheit. Wirksame und verträgliche Mittel sind verschreibungspflichtig. Sie wirken auch gegen andere Rundwurmarten, zum Beispiel gegen Hakenwürmer.

Spulwürmer sind auf ihre Wirtstierarten spezialisiert; wenn der Mensch Hundespulwurmeier aufnimmt, schlüpfen zwar Larven und beginnen ihre Wanderung im Körper, sie bleiben jedoch in Organen oder Muskeln stecken und können dort schmerzhafte Entzündungen verursachen. Besonders gefährdet sind „Krabbelkinder". Wurmkuren dienen daher auch dem Gesundheitsschutz der Familie. Auf Kinderspielplätzen haben Hunde nichts zu suchen.

Bandwürmer brauchen für ihre Entwicklung stets einen Zwischenwirt. Für den Hundebandwurm ist dies der Floh. Er nimmt die Wurmeier auf, aus denen sich eine Finne entwickelt. Der Hund „knackt" den Floh, die Finne wächst im Hundedarm zum fertigen Bandwurm aus. Mit dem Kot erscheinen nach geraumer Zeit einzelne kürbisförmige, anfangs noch bewegliche Bandwurmglieder oder ein längeres, deutlich gegliedertes Wurmende. Es gibt heute neben speziellen Spulwurm- und Bandwurmmitteln auch Präparate, die gegen beide Parasitenformen wirksam und dabei gut verträglich sind. Empfehlenswert ist eine systematische vierteljährliche Bandwurmbehandlung des Hundes, eventuell nach vorheriger Analyse einer Kotprobe.

Besonders bei Jagdhunden kann auch der „gesägte Bandwurm" auftreten, dessen Zwischenwirte Hasen und Kaninchen sind. Andere Bandwurmarten, die durch Fisch oder Wild, Rinder- oder Schafeingeweide übertragen werden, kommen seltener vor. Dazu zählt der „dreigliedrige Bandwurm", der auch dem Menschen gefährlich werden kann. Der Hund sollte zur Vorbeuge daran gehindert werden, Kadaver von Wildtieren anzufressen. Für Menschen besonders gefährlich ist der vor allem in einigen Gegenden Mittel- und Süddeutschlands verbreitete „Fuchsbandwurm", der auch durch Hunde übertragen werden kann.

Gefahren für die menschliche Gesundheit?

Impfungen und Wurmkuren schränken Ansteckungsgefahren ein. Hygiene tut ein übriges: Selbstverständlich hat der Hund sein eigenes Lager und Futtergeschirr; beides ist peinlich sauber. Rasen und Wege werden von Hundekot freigehalten.

Vorsichtige können Lager, Hütte und andere hygienegefährdete Stellen und Gegenstände regelmäßig desinfizieren. Die Mittel sollen gegen Viren, Bakterien und Pilze wirken. Zur Schnelldesinfektion eignet sich ein „Desinsektspray", das auch Ektoparasiten abtötet. Besonders angezeigt sind solche Maßnahmen, wenn der Hund eiternde Wunden, Ekzeme, Furunkel oder eine Vorhaut-, Zahnfleisch- oder Mandelentzündung hat. Diese Infektionen sind konsequent zu behandeln. Eitererreger können auch beim Menschen Komplikationen verursachen. Vorsicht ist stets bei schlecht heilenden oder sich ausbreitenden Ekzemen geboten: Räudemilben sind zwar auf Tierarten „spezialisiert", können jedoch auch beim Menschen juckende Hautrötungen verursachen. Hautpilzinfektionen sind auf Menschen übertragbar. Daher sollte man umgehend eine Spezialuntersuchung und Behandlung veranlassen. Pilzinfektionen entstehen nur, wenn sich die Erreger länger als 12 bis 24 Stunden auf der menschlichen Haut einnisten können. Gründliches Waschen bannt die Gefahr. Zusätzliche Sicherheit bietet ein Handdesinfektionsmittel, das nach Berührung verdächtiger Stellen oder Ausscheidungen in die Hände eingerieben wird.

Allergien sind auch durch größte Sauberkeit nicht immer zu vermeiden. Einige Menschen reagieren bei Kontakt mit Tierhaaren und -hautteilen mit Ausschlägen oder Atembeschwerden. Katzen, Meerschweinchen und Vögel sind viel öfter als Hunde die Auslöser; viele andere pflanzliche und tierische Stoffe kommen hinzu. Die Allergieursache kann von einem Hautarzt durch Spezialtests auf der Haut ermittelt werden. Auf Verdacht braucht also kein Hund abgeschafft zu werden. Und vor der Anschaffung eines Briards brauchen auch gesundheitsbewußte Hundefreunde nicht zurückzuschrecken.

Das Thema Allergie ist eher umgekehrt zu beachten: Immer mehr Hunde leiden selbst unter allergischen Erkrankungen: gegen Futtermittel, gegen Pflegeprodukte, gegen Flohbisse etc.

Generell ist zu sagen, daß Menschen sich in der Regel keine Krankheit von ihrem Hund holen, eher ist das Gegenteil der Fall. Eine Desinfektion der Hände nach dem Schmusen mit dem Hund ist unnötig, es sei denn, der Hund ist tatsächlich erkrankt. Die Gefährdung von Menschen durch ihre Hunde wird häufig in einer Weise hochstilisiert, die wissenschaftlich nicht zu rechtfertigen ist.

Der Briard im Alter

Leider hat der Briard als mittelgroßer Hund nur eine durchschnittliche Lebenserwartung von ca. 10 Jahren. Es gibt zwar einzelne Briards, die 13 Jahre alt werden, doch ist dies eher die Ausnahme.

Doch Briardbesitzer werden dafür mit einer langen Vitalität ihres Hundes beschenkt. Zwar hat ein zehnjähriger Briard in der Regel nicht mehr die Power eines zweijährigen, aber das bei vielen Hunderassen zu beobachtende langsame Altern ist beim Briard eher unbekannt. Hat man die ersten drei Lebensjahre mit seinem Briard gut überstanden, kann man sich in der Regel auf sieben weitere, relativ ungetrübte gemeinsame Jahre freuen. Noch ist der Briard eine sehr gesunde, robuste Rasse ohne rassespezifische Krankheiten, die sein Leben verkürzen könnten. Selbst die gefürchtete HD, die trotz aller züchterischer Bemühungen beim Briard genausowenig wie bei anderen Rassen ausgerottet werden konnte, führt bei kaum einem Briard dazu, daß dieser eingeschläfert werden muß.

Der Briard Club Deutschland erstellt zur Zeit eine Statistik über Todesursachen beim Briard. Erste Trends weisen darauf hin, daß eher

Unfälle (Autounfälle, Giftfressen, Erschießen durch Jäger etc.) dem Leben des Briards ein Ende bereiten als Krankheiten. Eine Gefahr scheint jedoch in der Magendrehung zu bestehen. Neben Haltungsfehlern (Spielen mit dem Hund, wenn dieser gerade gefressen hat, Zulassen eines übermäßigen Trinkens) scheint dafür auch eine genetische Disposition eine Rolle zu spielen. Daher muß einer eventuellen Belastung innerhalb von Zuchtlinien größte Aufmerksamkeit geschenkt und die Auswahl der Deckpartner ebenso sorgfältig wie im Hinblick auf die HD-Vererbung überdacht werden.

Die Tatsache, daß Briards auch in einem hohen Lebensalter noch sehr vital sein können, bedeutet eine besondere Verpflichtung für die Besitzer: Sie sollten einen munteren, gesunden Hund auch im höheren Alter – je nach Konstitution des Tieres – noch entsprechend fordern und ihn nicht zum alten Eisen zählen. Natürlich gehört dazu das genaue Beobachten und Einschätzen der Belastungsfähigkeit des Briards, um zu erkennen, wann eine Radtour vielleicht doch zu viel wird, wann ihm der Gang über die Schrägwand Mühen bereitet, wann er vielleicht

13jährige Hündin

nur noch widerwillig die Sprünge im Agility nimmt. Dann ist es Zeit, das Wohl des Hundes über den eigenen Spaß am Hundesport oder der gemeinsamen sportlichen Betätigung insgesamt zu stellen und andere Formen der Beschäftigung mit dem alten Hund zu erdenken, die dessen körperlichen Fähigkeiten entsprechen. Zu bedenken ist ferner, daß ein alter Hund es noch weniger als ein junger verkraftet, im Urlaub in eine Hundepension abgeschoben zu werden. Daher sollte man ihm dies ersparen und eine Urlaubsgestaltung wählen, die auch dem Hund gerecht wird.

In Erwartung der Trauer beim Tod des Hundes entscheiden sich nicht wenige Hundehalter für den Kauf eines zweiten. Für den Besitzer ist der Tod des Hundes vielleicht einfacher zu ertragen, wenn noch ein zweiter Hund im Haushalt lebt, auf den dann die ganze Liebe übergehen kann. Doch der in vielen Hundebüchern zu findende Rat, dem alten Hund einen jungen zuzugesellen, kann nicht pauschal unterstützt werden. Allzu leicht besteht die Gefahr, den alten Hund zu vernachlässigen, weil der junge Hund einfach von sich aus viel mehr Aufmerksamkeit fordert. Auch Hunde sind Gewohnheitstiere und reagieren auf Veränderungen in ihrem Alltag nicht immer begeistert. Nicht zu verkennen ist ferner, daß ein junger

Hund für einen alten Hund, insbesondere wenn dieser krank ist, auch eine Belastung darstellen kann, da der junge Hund z. B. den alten anfangs ständig zum Spielen animieren will, auf ihn springt und ihm dabei Schmerzen zufügen kann. Zudem ist es durchaus nicht sicher, daß der junge Hund dem alten nicht doch früher oder später dessen Rangposition streitig machen will und der alte Hund sich zu seinem Lebensende nun noch einem anderen Hund unterzuordnen hat. Schließlich sollte man auch an das Wohl des jungen Hundes denken: Auch Tiere trauern. Weil man selbst im jungen Hund eine Trauerhilfe haben möchte, mutet man diesem zu, um einen Gefährten trauern zu müssen.

Manche alte Hunde profitieren davon, wenn ein junger Hund ins Haus kommt, werden nochmals zum Jugendlichen. Doch die Vorstellung, *jeder* alte Hund freue sich, auf seine alten Tage noch einen kleinen Plagegeist zugesellt zu bekommen, trifft nicht zu. Die Entscheidung über die Anschaffung eines zweiten Hundes sollte daher sorgfältig überdacht und nur dann vorgenommen werden, wenn man sich sicher ist, daß sich der alte Hund über einen jungen Kameraden freuen wird.

Wird der Briard tatsächlich krank, sollte ihm alle nur erdenkliche Pflege zukommen, egal welche Mühen und Kosten dies verursacht. Ist der alte Hund jedoch unheilbar erkrankt, so ist es die Pflicht seines menschlichen Freundes, sein Leiden zu beenden. Viel zu oft müssen sich kranke Hunde quälen, weil der Besitzer sich nicht von seinem Hund trennen kann und den eigenen Egoismus über das Wohl des Hundes stellt. Dabei hat der Mensch die große Chance, dem Hund einen Teil dessen, was dieser ihm sein Leben lang gegeben hat, zurückzugeben, in dem er ihn von seinen Leiden erlösen läßt.

Sollte eine Einschläferung unumgänglich werden, kann man den Tierarzt fragen, ob dieser nach Hause kommt und der Hund in seiner vertrauten Umgebung einschlafen kann. Ist dieses nicht möglich, so ist es das mindeste, den Hund während der Injektion in den Armen zu halten und ihm Geborgenheit zu geben. Für den Menschen ist dies ein furchtbarer Moment, und nicht wenige möchten sich dem entziehen, indem sie den Hund beim Tierarzt abgeben und sich dann davonstehlen. Doch man ist es dem Hund schuldig, ihm in seinen letzten Lebensminuten beizustehen.

Vater und Tochter

Anhang

Anschriften, die Sie kennen sollten

Bundesrepublik Deutschland
Verband für das Deutsche
Hundewesen e. V. (VDH)
Westfalendamm 174
D-44141 Dortmund
Tel. 02 31 / 56 50 00

Briard Club Deutschland (BCD)

Vorsitzender:
Peter Schmidt
Anger 29
D-95119 Naila
Tel. 0 92 82 / 52 29

Welpenvermittlungsstelle:
Vera Sandmann
Georg-Bleibtreu-Str. 120
D-46509 Xanten
Tel. 0 28 01 / 69 66

**Club für französische Hüte-
hunde (CfH)**

Präsident:
Lambertus Machmar
Alpenweg 4
D-82335 Berg
Tel. 0 81 71 / 1 84 26

Welpenvermittlungsstelle:
Ute Kördel
Ollengroden 4
D-27804 Berne
Tel. 0 44 06 / 10 60

Frankreich
Association du Berger de Brie (ABB)
Affilié à la Société Central Canine
Secrétariat General
Liliane Donniou
52, rue Jacques Demy
F-17300 Rochefort

Belgien
Club Belge du Berger de Brie (Briard)
Affilié à la Royale Union Cynologique
Saint-Hubert
Secrétaire Générale/Algemeen
Sekretaresse:
Rosette Angillis
Jachthoornstraat, 53
B-1600 Sint Pieters Leeuw

Niederlande
Nederlandsche Briard Club
Secretaris/Secretariaat
G.M.L. de Wit-Bazelmans
Korte Torenweg 30
NL-6523 MH Nijmegen

F.C.I.
Fédération Cynologique Internationale
13 Place Albert 1
B-6530 Thuin

Literatur über den Briard

BRIARDREVUE 1/1989: Standard des Berger de Brie

DAUVERGNE, C., 1992: Le Berger de Brie ou Briard. Éditions de vecchi

GUHL, A.; 1995: Briard. Der Hund, Nr. 1/95

HAAG, N., 1993: Der Charakter des Briards. Briardrevue 3/93

HAAG, N., 1995: Welchen Charakter kann ich vom Briard erwarten? Briardrevue 1/95

HAYMANN, F., 1983: Le Berger de Brie. Crépin-Leblond

HERREROS, J., 1994: Chien de Race. Le Berger de Brie. Éditions de vecchi

KRÄMER, E.M., 1995: Briard. Hütehund alter Tradition. Mein Hund 9/95

KUNZ, S., 1991: Der Briardcharakter – ein Problem? Briardbulletin 23 – 1/89 des Schweizerischen Briard Clubs, Wiederabdruck in der Briardrevue 4/91

LARIVE, J., WEBER, B.; 1984: Le Berger de Brie dit Briard. Éditions Bornemann

LUQUET, M., 1987: Le Berger de Brie ou Briard. Editions de vecchi

MARTIN, R., 1992: Berger de Brie oder Briard. Hunderevue 1/92

SEDIR ET CLUB DES AMIS DU BRIARD, 1983: Le Berger de Brie. Chien de France. Club des Amis du Briard

SCHNEIDER, W., 1991: Französische Hütehunde. Kynos

UNTEREGGER, F., 1989. Wesen und Wesensbeurteilung. Briardrevue 2/89

WEBER, B., 1989: Kommentar zum Standard von 1985. Heft „Club des Amis du Briards", Nr. 171. Wiederabdruck in Briardrevue 2 und 3 /89

WERKMEISTER-STEPHAN, M., 1995: Ausstellungen für Anfänger. Briardrevue 1 und 3/95

Allgemeine Literatur

ALDINGTON, E.H.W., 1986: Von der Seele des Hundes. Gollwitzer

BRUNNER, F., 1994: Der unverstandene Hund. 5. Auflage. Naturbuch Verlag

DIE MÖNCHE VON NEW SKETE, 1995: Wer kennt schon seinen Hund? 5. Auflage. Ullstein Sachbuch

FEDDERSEN-PETERSEN, D., 1989: Hundepsychologie. 3. Auflage. Kosmos

FEDDERSEN-PETERSEN, D., 1992: Hunde und ihre Menschen. Franckh-Kosmos

FOGLE, B., 1993 Was geht in meinem Hund vor? 2. Auflage. Bastei Lübbe

MUGFORD, R., 1992: Hundeerziehung 2000. Kynos Verlag

TRUMLER, E. 1992. Der schwierige Hund. 5. Auflage. Kynos Verlag

WEIDT, H., BERLOWITZ, D., 1996: Spielend vom Welpen zum Hund. Naturbuch Verlag

ZIMEN, E., 1992: Der Hund. Goldmann

Weiterführende Literatur aus dem Parey Buchverlag

BEYERSDORF, P., 1993: Dein Hund auf Ausstellungen. 2. Auflage

BURTZIK, P., 1996: Erziehung und Ausbildung des Hundes. 5. Auflage

FIEDELMEYER, L., 1983: Kauf, Pflege und Fütterung des Hundes. 3. Auflage

HEGENDORF, 1980: Der Gebrauchshund. Haltung, Ausbildung und Zucht. 14. Auflage

KOBER, U., PEPER, W., 1995: Pareys Hundebuch. 2. Auflage

POORTVLIET, R., 1987: Mein Hundebuch. 2. Auflage

QUEDNAU, F., 1987: Rechtskunde für Hundehalter

SCHMIDTKE, H.-O., 1984: Gesundheitsfibel für Hunde. 2. Auflage

WEIDT, H., 1996: Der Hund, mit dem wir leben: Verhalten und Wesen. 3. Auflage

Danksagung

Vielen Menschen, die ich nicht alle namentlich erwähnen kann, habe ich zu danken: Briardzüchtern und Besitzern, die mir so viele schöne Fotos zu Verfügung gestellt haben, daß die Auswahl zur Qual wurde, Briardliebhabern, mit denen ich ausgiebig über die Rasse diskutieren konnte, „alten" Briardkennern, die mich mit Informationen versorgt und meine Fragen geduldig beantwortet haben, und all den „Briardiers", die mich zum Schreiben des Buches ermutigt haben.

Elke sei für das Korrekturlesen und Thomas für die technischen Hilfen gedankt.

Mein besonderer Dank gilt Marion und Norbert, von denen ich soviel über Hunde im allgemeinen und Briards im besonderen gelernt habe. Marion danke ich zudem dafür, daß sie sich trotz Belastung durch die Aufzucht zweier Würfe Zeit genommen hat, das Buch zu lesen und mit mir zu diskutieren.

Bildnachweis

Seite 6
Foto: MATZAT; Briard: von Druufon

Seite 11
Foto: STEPHAN; Briard: vom Garten
Eden

Seite 12
Foto: HAAG; Briard: de la Cruche
d'Argile

Seite 13
Foto: MATZAT; Briard noir: von Romani,
Briard fauve: von Druufon

Seite 21
Foto: GOSSENS; Briard: des Copains de
Don Juan

Seite 22
Foto: ROSSOL; Briard: de la Corse
Sauvage

Foto 23
Foto: KLEINHANS; Briard: vom Brock-
scheidter Hof

Seite 25
Foto: MATZAT; Briard: von Druufon

Seite 27
Fotos oben und Mitte: MATZAT; Briards:
de la Cruche d'Argile
Foto unten: LACHMANN; Briard: van Hof
ter Hulst

Seite 28
Foto: MATZAT; Briard: des Copains
touffus

Seite 29
Foto: SCHÄFER; Briards: de la Cruche
d'Argile

Seite 31
Foto: MATTHIES; Briards: van de Ridderweide, du Jardin des Colombières

Seite 33
Foto: NIEPEL; Briard: de la Maison des
Bergers

Seite 35
Foto: KÖPKE; Briards: de la Cruche d'Argile, du Cyclone qui rit

Seite 37
Foto: KÖPKE; Briard: du Cyclone qui rit

Seite 38
Foto: NIEPEL; Briard: du Cyclone qui rit

Seite 41
Foto: CRÄMER; Briard: du Mont Caillou

Seite 43
Foto: FISCHER; Briard: vom Brauhausberg

Seite 46
Foto: CRÄMER; Briard: Zottelbär

Seite 48
Foto: CRÄMER; Briard noir: Zottelbär,
Briard fauve: du Mont Caillou

Seite 50
Foto: QUANDT-DEFORTH; Briard: du
Cyclone qui rit

Seite 52
Foto: STARK; Briard: de la Corse Sauvage

Seite 56
Foto: CRÄMER; Briard: Zottelbär

Seite 58
Foto: NIEPEL; Briard: du Cyclone qui rit

Seite 62
Foto: MATZAT

Seite 65
Foto: MATZAT; Briards: de la Cruche
d'Argile

Seite 68
Foto: GOSSENS; Briards: des Copains de
Don Juan

Seite 71
Foto: WALZ; Briards: von Druufon

Seite 73
Foto oben: NIEPEL; Briards: du Cyclone
qui rit
Foto unten: SCHÄFER; Briard: de la
Maison des Bergers

Seite 74
Foto: NIEPEL; Briardwelpen: du Cyclone
qui rit

Seite 77
Foto: WALZ; Briards: von Druufon

Seite 82
Foto: GOSSENS; Briard: des Copains de
Don Juan

Seite 85
Foto: NIEPEL; Briard: du Cyclone qui rit

Seite 88
Foto: WEBER; Briard: von den Griesenin-
ken

Seite 89
Foto: MATZAT; Briard: de la Cruche
d'Argile

Seite 90
Foto: NIEPEL; Briard: du Cyclone qui rit

Seite 92
Foto: KÖPKE; Briard: du Cyclone qui rit

Seite 94
Foto: WEBER

Seite 97
Foto: NIEPEL

Seite 99
Foto: MATTHIES; Briard: van de Ridderweide

Seite 103
Foto: NIEPEL; Briard: de la Cruche
d'Argile

Seie 104
Foto: NIEPEL; Briard: de la Cruche
d'Argile

Seite 109
Foto: MÜLLER; Briard: Devolla

Seite 144
Foto: MATTHIES; Briards: von den Griese-
ninken, van de Ridderweide

Seite 117
Foto: NIEPEL; Briard: de la Cruche
d'Argile

Seite 121
Fotos oben: MELZIAN, unten: Rosenberg;
Briards: vom Brauhausberg

Seite 126
Foto: MELZIAN; Briard: vom Brauhausberg

Seite 131
Foto: MARTIN; Briard: von Druufon

Seite 133
Foto: MATZAT; Briards: von Druufon, de
la Cruche d'Argile

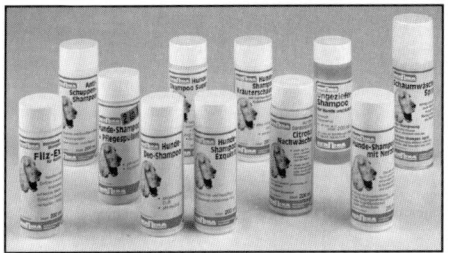 

Rund um den Hund !

U. Kober / W. Peper
Pareys Hundebuch
2., neubearbeitete Auflage.
1995. 271 Seiten mit
252 Abbildungen,
davon 210 farbig.
14 x 22 cm. Gebunden.
DM 58,– / öS 429,– / sFr 58,–
ISBN 3-8263-8033-9

Der kindersichere Hund
Freund, Beschützer, Spielgefährte
1996. Ca. 120 Seiten mit
ca. 60 farbigen Abbildungen.
14,5 x 19 cm. Gebunden.
DM 29,80 / öS 221,– / sFr 27,50
ISBN 3-8263-8407-5

R. Poortvliet
Mein Hundebuch
Aus dem Holländischen.
2. Auflage.
1987. 232 Seiten mit über
750 meist farbigen Zeichnungen.
22 x 28 cm. Gebunden.
DM 64,– / öS 474,– / sFr 64,–
ISBN 3-8263-8261-7

H. Niemand / P. Suter (Hrsg.)
Praktikum der Hundeklinik
Mit Beiträgen von J. Arndt,
S. Arnold, B. Bigler et al.
8. Auflage. 1994. XXII, 816 S. mit
405 Abb., davon 60 farbig, 123 Tab.
21 x 28 cm. Gebunden.
DM 228,– / öS 1687,– / sFr 228,–
ISBN 3-8263-3002-1

Preisstand: 1. Juni 1996

Parey Buchverlag · Berlin